AF706293

भीतर और बाहर को दुनिया

एक मनुष्य की प्रेम, पीड़ा और सत्य की खोज

नीलेश कुमार अग्रवाल

Copyright © Nilesh Kumar Agarwal
All Rights Reserved.

This book has been self-published with all reasonable efforts taken to make the material error-free by the author. No part of this book shall be used, reproduced in any manner whatsoever without written permission from the author, except in the case of brief quotations embodied in critical articles and reviews.

The Author of this book is solely responsible and liable for its content including but not limited to the views, representations, descriptions, statements, information, opinions and references ["Content"]. The Content of this book shall not constitute or be construed or deemed to reflect the opinion or expression of the Publisher or Editor. Neither the Publisher nor Editor endorse or approve the Content of this book or guarantee the reliability, accuracy or completeness of the Content published herein and do not make any representations or warranties of any kind, express or implied, including but not limited to the implied warranties of merchantability, fitness for a particular purpose. The Publisher and Editor shall not be liable whatsoever for any errors, omissions, whether such errors or omissions result from negligence, accident, or any other cause or claims for loss or damages of any kind, including without limitation, indirect or consequential loss or damage arising out of use, inability to use, or about the reliability, accuracy or sufficiency of the information contained in this book.

Made with ♥ on the Notion Press Platform
www.notionpress.com

उन सभी हृदयों को... जो प्रेम में टूटे... फिर भी प्रेम करना नहीं छोड़ा।

उन सभी लोगों को... जो किसी अपने की प्रतीक्षा में... समय के साथ चलते रहे... लेकिन आशा का दीप बुझने नहीं दिया।

उन सभी खोजकर्ताओं को... जो जीवन से केवल उत्तर नहीं... सत्य चाहते हैं।
और...

निधि के नाम। जिसने मुझे केवल प्रेम ही नहीं सिखाया... बल्कि प्रेम के माध्यम से... स्वयं को खोजने की यात्रा भी दी।

यदि यह पुस्तक... किसी एक भी मनुष्य के मन में... एक सच्चा प्रश्न जगा सके... तो यही इसका सबसे बड़ा उद्देश्य होगा।

क्रम-सूची

क्रम-सूची

क्रम-सूची

प्रस्तावना

कई बार जीवन में ऐसे प्रश्न जन्म लेते हैं, जिनका उत्तर न विद्यालय देता है, न समाज और न ही केवल पुस्तकें।

मैं भी ऐसे ही प्रश्नों के साथ जीता रहा।

प्रेम क्या है?

पीड़ा का उद्देश्य क्या है?

क्या मृत्यु अंत है?

क्या स्वप्न केवल मन की कल्पना हैं?

क्या विज्ञान और अध्यात्म साथ चल सकते हैं?

इन्हीं प्रश्नों ने इस पुस्तक को जन्म दिया।

यह किसी निष्कर्ष की पुस्तक नहीं, बल्कि एक यात्रा है। इस यात्रा में कुछ स्थानों पर आपको मेरे अनुभव मिलेंगे, कुछ स्थानों पर शास्त्रों से प्रेरित विचार, कुछ स्थानों पर विज्ञान की दृष्टि और कुछ स्थानों पर केवल मौन।

मैं केवल इतना चाहता हूँ कि जब आप इस पुस्तक का अंतिम पृष्ठ बंद करें, तब आपके भीतर कम से कम एक ऐसा प्रश्न अवश्य जन्म ले, जो आपको स्वयं की ओर ले जाए। क्योंकि मेरी दृष्टि में... मनुष्य की सबसे बड़ी खोज संसार नहीं, स्वयं है।

भूमिका

"भीतर और बाहर की दुनिया" केवल एक पुस्तक नहीं, बल्कि मेरे अनुभवों, संघर्षों, प्रेम, प्रतीक्षा, आत्ममंथन और सत्य की खोज का परिणाम है।

इस पुस्तक के प्रत्येक अध्याय में एक प्रश्न है। कुछ प्रश्नों के उत्तर मुझे मिले, कुछ के नहीं और शायद कुछ प्रश्न ऐसे हैं, जिनके उत्तर हर व्यक्ति को स्वयं खोजने होंगे।

यदि किसी अध्याय में आपको अपने जीवन की झलक दिखाई दे, यदि किसी विचार से आप असहमत हों, या यदि किसी प्रश्न के कारण आप देर तक सोचते रह जाएँ - तो समझिए कि यह पुस्तक अपना कार्य कर रही है।

मैं पाठकों से केवल एक अनुरोध करता हूँ - इस पुस्तक को केवल पढ़ें नहीं। इसके साथ संवाद कीजिए। प्रश्न पूछिए। सहमत होइए। असहमत होइए। लेकिन सबसे महत्वपूर्ण... अपने भीतर झाँकना मत छोड़िए। यही इस पुस्तक की आत्मा है।

आमुख

यह पुस्तक किसी धर्म को सिद्ध करने, किसी विचारधारा का प्रचार करने या किसी अंतिम सत्य की घोषणा करने के लिए नहीं लिखी गई है।

यह एक साधारण मनुष्य की यात्रा है - प्रेम से पीड़ा तक, पीड़ा से प्रश्न तक, और प्रश्न से सत्य की खोज तक।

इस पुस्तक में जहाँ विज्ञान की बात है, वहाँ विज्ञान का सम्मान है। जहाँ अध्यात्म की बात है, वहाँ व्यक्तिगत अनुभवों और भारतीय आध्यात्मिक परंपराओं से प्रेरित चिंतन है। दोनों को विरोधी नहीं, बल्कि संवाद के रूप में प्रस्तुत करने का प्रयास किया गया है।

इस पुस्तक में वर्णित अनुभव मेरे अपने जीवन और चिंतन से जुड़े हैं। पाठक उन्हें अंतिम सत्य के रूप में नहीं, बल्कि एक साधक की व्यक्तिगत यात्रा के रूप में पढ़ें।

यदि यह पुस्तक आपको सोचने, प्रश्न पूछने और अपने भीतर झाँकने के लिए प्रेरित करे, तो इसका उद्देश्य पूरा होगा।

1

मैं कौन हूँ?

मनुष्य के जीवन का सबसे कठिन प्रश्न यह नहीं है कि ईश्वर हैं या नहीं। सबसे कठिन प्रश्न यह है - "मैं कौन हूँ?"

जब मैं छोटा था, तब मुझे लगता था कि मैं केवल एक साधारण बच्चा हूँ। जैसे लाखों बच्चे इस संसार में जन्म लेते हैं, वैसे ही मैं भी आया हूँ। मेरा भी एक परिवार था, रिश्ते थे, सपने थे, डर थे और इच्छाएँ थीं।

धीरे-धीरे मैंने संसार को समझना शुरू किया। लोगों ने मुझे बताया कि जीवन का उद्देश्य है - पढ़ना, नौकरी करना, विवाह करना, परिवार बसाना और एक दिन इस संसार से चले जाना। मैंने भी कुछ समय तक यही माना। लेकिन मेरे भीतर एक प्रश्न बार-बार उठता था - यदि जीवन केवल इतना ही है, तो मनुष्य और अन्य जीवों में अंतर क्या है?

यदि जन्म लेना, भोजन करना, संघर्ष करना और मृत्यु को प्राप्त होना ही जीवन है, तो फिर मनुष्य को बुद्धि क्यों दी गई? समय बीतता गया। मैंने लोगों को दौड़ते देखा।

कोई धन के पीछे भाग रहा था।

कोई प्रसिद्धि के पीछे।

कोई सत्ता के पीछे।

कोई संबंधों के पीछे और एक दिन मुझे लगा - शायद पूरी दुनिया दौड़ रही है, लेकिन बहुत कम लोग जानते हैं कि वे दौड़ किस दिशा में रहे हैं।

इसी बीच मेरे जीवन में प्रेम आया। प्रेम ने मुझे वह नहीं दिया जिसकी मैंने कल्पना की थी। उसने मुझे प्रश्न दिए, विरह दिया, प्रतीक्षा दी और ऐसी पीड़ा दी जिसने मेरी पूरी सोच बदल दी।

पहले मैं संसार को बाहर से देखता था। अब मैं स्वयं को भीतर से देखने लगा। यहीं से मेरी यात्रा आरंभ हुई। मैंने स्वयं से पूछा - क्या मनुष्य केवल शरीर है? यदि शरीर ही सब कुछ है, तो सपनों में दिखाई देने वाली दुनिया क्या है?

यदि मन ही सब कुछ है, तो प्रेम किसी को वर्षों बाद भी क्यों नहीं छोड़ता?

यदि विज्ञान ने इतना विकास कर लिया है, तो मनुष्य आज भी भीतर से इतना अकेला क्यों है?

मैंने इन प्रश्नों के उत्तर पुस्तकों में खोजे। धर्मग्रंथों में खोजे। विज्ञान में खोजे और सबसे अधिक अपने अनुभवों में खोजे।

मुझे कई बार ऐसे स्वप्न आए जिन्हें मैं साधारण स्वप्न कहकर भुला नहीं सका। उन स्वप्नों ने मुझे ऐसे प्रश्न दिए जिनके उत्तर मेरे पास नहीं थे।

क्या वे केवल मेरे मन की रचना थे?

क्या वे किसी गहरे मनोवैज्ञानिक अनुभव का परिणाम थे?

या वे किसी आध्यात्मिक संकेत का रूप थे?

मैं आज भी निश्चित रूप से नहीं कह सकता। लेकिन मैंने एक बात सीखी - हर अनुभव को तुरंत अंतिम सत्य मान लेना भी उचित नहीं, और बिना समझे उसे झूठ मान लेना भी उचित नहीं। खोज का मार्ग धैर्य माँगता है। इस यात्रा में मैंने विज्ञान को भी पढ़ा।

मैंने जाना कि विज्ञान प्रश्न पूछता है। प्रमाण खोजता है। बार-बार जाँच करता है। यही उसकी शक्ति है।

मैंने अध्यात्म की ओर भी देखा। वहाँ मैंने पाया कि मनुष्य से पहले स्वयं को जानने की बात कही जाती है। बाहर जाने से पहले भीतर उतरने की बात कही जाती है।

यहीं मेरे सामने एक नया प्रश्न खड़ा हुआ - क्या विज्ञान और अध्यात्म एक-दूसरे के विरोधी हैं?

या वे एक ही पर्वत पर चढ़ने के दो अलग-अलग मार्ग हैं?

मुझे इसका उत्तर अभी तक नहीं मिला। शायद इसीलिए यह पुस्तक लिखी जा रही है। यह पुस्तक किसी सिद्ध पुरुष की घोषणा नहीं है। यह किसी गुरु का उपदेश भी नहीं है। यह एक ऐसे मनुष्य की डायरी है जिसने प्रेम किया, टूटा, प्रश्न पूछे, स्वप्न देखे और सत्य की खोज पर निकल पड़ा।

इस पुस्तक में तुम्हें विज्ञान मिलेगा। धर्म मिलेगा। दर्शन मिलेगा और मेरे अपने अनुभव भी मिलेंगे।

कुछ बातों से तुम सहमत होगे। कुछ से असहमत और यही इस पुस्तक का उद्देश्य है।

मैं तुम्हें अपने विचारों पर विश्वास करने के लिए नहीं कहता। मैं केवल इतना चाहता हूँ कि जब तुम यह पुस्तक पढ़ो, तो अपने भीतर भी वही प्रश्न उठने दो जो वर्षों से मेरे भीतर उठते रहे हैं।

क्या मैं केवल यह शरीर हूँ?

क्या मेरी पहचान मेरे नाम तक सीमित है?

क्या प्रेम केवल एक भावना है, या वह मनुष्य को स्वयं से मिलाने का माध्यम भी

बन सकता है?

क्या इस ब्रह्मांड में वही सब कुछ है जो हमारी आँखें देख सकती हैं? और सबसे बड़ा प्रश्न - यदि एक दिन सब कुछ छिन जाए - धन, संबंध, पहचान, सफलता - तो क्या बचेगा?

शायद उसी का नाम 'मैं' है। यदि इस पुस्तक के अंत तक पहुँचकर तुम्हारे भीतर यह प्रश्न पहले से अधिक गहरा हो जाए, तो समझना कि मेरी यात्रा अकेली नहीं रही, क्योंकि इस पुस्तक का उद्देश्य उत्तर देना नहीं है।

इसका उद्देश्य है - तुम्हें अपने भीतर की यात्रा पर आमंत्रित करना। शायद सत्य बाहर कहीं नहीं छिपा। शायद वह हमारे भीतर प्रतीक्षा कर रहा है और शायद... यही यात्रा मनुष्य होने का वास्तविक अर्थ है।

2

क्या मनुष्य सचमुच विकसित हुआ हैं?

यदि आज किसी भी व्यक्ति से पूछा जाए कि क्या मनुष्य पहले से अधिक विकसित हो चुका है, तो अधिकांश लोग बिना सोचे उत्तर देंगे -"हाँ।"

उनका उत्तर गलत भी नहीं होगा। आज मनुष्य चाँद तक पहुँच चुका है। मंगल ग्रह पर यान भेज चुका है। हजारों किलोमीटर दूर बैठे व्यक्ति से कुछ ही क्षणों में बात कर सकता है। कुछ ही मिनटों में पूरे संसार की जानकारी अपने हाथ में रख सकता है। पहले जहाँ महीनों की यात्रा होती थी, आज वही कुछ घंटों में पूरी हो जाती है। रोगों का उपचार पहले की तुलना में कहीं अधिक संभव हो चुका है। तकनीक ने जीवन को सरल बनाया है।

यदि विकास का अर्थ केवल मशीनें, इमारतें, गति और सुविधाएँ हैं, तो निस्संदेह मनुष्य पहले से अधिक विकसित है। लेकिन... यहीं से मेरे भीतर दूसरा प्रश्न जन्म लेता है।

यदि मनुष्य इतना विकसित हो गया है, तो वह पहले से अधिक अशांत क्यों है?

उसके पास साधन बढ़े हैं। लेकिन क्या संतोष भी बढ़ा है?

उसके पास संचार के हजारों माध्यम हैं। लेकिन क्या उसके हृदयों के बीच की दूरी कम हुई है?

वह लाखों लोगों से जुड़ा है। लेकिन क्या वह स्वयं से जुड़ा है?

आज मनुष्य के पास समय बचाने वाली हजारों मशीनें हैं। फिर भी वह कहता है - "मेरे पास समय नहीं है।" यह कैसी प्रगति है?

क्या हमने समय बचाया... या समय ने हमें ही निगल लिया?

मैं यह नहीं कहता कि विज्ञान गलत है। यदि विज्ञान न होता, तो शायद यह पुस्तक भी तुम्हारे हाथों तक न पहुँचती। विज्ञान ने मनुष्य को अद्भुत उपलब्धियाँ दी हैं। लेकिन विज्ञान का उद्देश्य बाहरी संसार को समझना है। वह यह नहीं बताता कि टूटे हुए हृदय को कैसे संभाला जाए। वह यह नहीं बताता कि प्रेम में मिली पीड़ा का अर्थ क्या है। वह यह नहीं बताता कि मनुष्य अपने ही भीतर के शून्य से कैसे मिले। यहीं अध्यात्म की यात्रा शुरू होती है।

मैंने कई बार सोचा - यदि किसी मनुष्य के पास पूरी पृथ्वी का धन हो... लेकिन उसे रात को नींद न आए... तो क्या वह विकसित कहलाएगा?

यदि किसी राष्ट्र के पास सबसे शक्तिशाली हथियार हों...लेकिन उसके लोग भय में जी रहे हों...तो क्या वह वास्तव में उन्नत राष्ट्र है?

यदि किसी व्यक्ति के लाखों अनुयायी हों...लेकिन वह स्वयं से अपरिचित हो...तो क्या वह सफल है? शायद नहीं। यहीं से मैंने इतिहास को दूसरे दृष्टिकोण से देखना शुरू किया। पुरानी सभ्यताओं ने विशाल मंदिर बनाए। आकाश को नापा। तारों का अध्ययन किया। प्रकृति के साथ जीवन बिताया। उन्होंने जो कुछ जाना, वह अपने समय के अनुसार अद्भुत था। आज हमने उनसे अलग मार्ग चुना। हमने मशीनें बनाईं, कंप्यूटर बनाए, कृत्रिम बुद्धिमत्ता बनाई, लेकिन एक प्रश्न अब भी खड़ा है - क्या हमने स्वयं को जाना?

भारतीय परंपरा युगों की बात करती है। सतयुग, त्रेतायुग, द्वापर, कलियुग। कई लोग इन्हें केवल कथाएँ मानते हैं। कई इन्हें इतिहास मानते हैं और कई इन्हें चेतना के स्तर के प्रतीक के रूप में समझते हैं। मेरे भीतर एक विचार बार-बार उठता है। क्या यह संभव है कि मनुष्य ने बाहरी संसार में प्रगति की हो... लेकिन भीतर की

चेतना में कुछ खो दिया हो? मैं इस प्रश्न का उत्तर नहीं देता। मैं केवल इसे तुम्हारे सामने रखता हूँ। क्योंकि प्रश्न कभी-कभी उत्तरों से अधिक शक्तिशाली होते हैं।

मैंने अपने जीवन में ऐसे क्षण देखे जब मुझे लगा कि मनुष्य का सबसे बड़ा शत्रु कोई दूसरा मनुष्य नहीं...बल्कि उसका अपना अहंकार है। अहंकार उसे यह विश्वास दिलाता है कि उसने सब कुछ जान लिया है। लेकिन जितना अधिक मैंने जाना... उतना ही अधिक मुझे अपनी अज्ञानता का अनुभव हुआ। समुद्र की एक लहर देखकर कोई यह नहीं कह सकता कि उसने पूरा समुद्र देख लिया। ठीक उसी प्रकार... कुछ खोजों के आधार पर यह कहना भी कठिन है कि मनुष्य ने ब्रह्मांड का रहस्य समझ लिया। शायद हमने यात्रा शुरू की है। लेकिन मंज़िल अभी बहुत दूर है। मैंने यह भी देखा कि मनुष्य बाहर की दुनिया को जीतने में इतना व्यस्त हो गया... कि भीतर की दुनिया उसके लिए अनजान हो गई। वह अंतरिक्ष की तस्वीरें देख सकता है। लेकिन अपने मन की गहराई से डरता है। वह समुद्र की गहराई माप सकता है। लेकिन अपनी पीड़ा की गहराई से भागता है। वह कृत्रिम बुद्धिमत्ता बना सकता है। लेकिन अपने ही हृदय को समझने में असफल हो जाता है।

तो फिर विकास किसे कहें?

क्या केवल तेज़ गति से चलना विकास है?

या सही दिशा में चलना विकास है?

यदि दिशा ही गलत हो... तो गति केवल हमें लक्ष्य से और दूर ले जाएगी। शायद मनुष्य को दो यात्राएँ करनी हैं। एक बाहर की।दूसरी भीतर की। बाहर की यात्रा हमें संसार देती है। भीतर की यात्रा हमें स्वयं से मिलाती है और यदि इन दोनों में संतुलन न हो... तो सभ्यता आगे बढ़ती हुई दिखाई देती है... लेकिन मनुष्य भीतर से टूटता चला जाता है। यही प्रश्न इस पुस्तक की नींव है।

क्या मनुष्य सचमुच विकसित हुआ है? या उसने केवल अपने औज़ारों को विकसित किया है... और स्वयं को पीछे छोड़ दिया है?

मैं इस अध्याय का उत्तर तुम्हें नहीं दूँगा। क्योंकि यह उत्तर तुम्हें स्वयं खोजना होगा। शायद इसी खोज का नाम... जीवन है।

3

सभ्यता या मायाजाल?

मनुष्य स्वयं को सभ्य कहता है। वह अपने शहरों पर गर्व करता है। अपनी ऊँची इमारतों पर गर्व करता है। अपने विज्ञान, तकनीक, धन और शक्ति पर गर्व करता है।

लेकिन एक प्रश्न है... क्या सभ्यता केवल बाहर दिखाई देने वाली चीज़ों का नाम है?

यदि किसी नगर में ऊँची-ऊँची इमारतें हों... लेकिन उनमें रहने वाले लोग एक-दूसरे से बात करने का समय न निकाल सकें... तो क्या वह सचमुच सभ्य नगर है?

यदि किसी देश की अर्थव्यवस्था दुनिया में सबसे बड़ी हो... लेकिन वहाँ का मनुष्य भीतर से भय, अकेलेपन और असंतोष में जी रहा हो... तो क्या वह वास्तव में विकसित समाज है?

मुझे बचपन से यही सिखाया गया कि मनुष्य पृथ्वी का सबसे बुद्धिमान प्राणी है। समय के साथ मैंने भी इसे सत्य मान लिया। लेकिन जब मैंने जीवन को ध्यान से देखना शुरू किया... तो मेरे भीतर एक और प्रश्न जन्मा। यदि मनुष्य सबसे बुद्धिमान है... तो वही सबसे अधिक दुखी क्यों दिखाई देता है?

पक्षी सुबह गाते हैं। पेड़ बिना शिकायत के खड़े रहते हैं। नदियाँ बिना किसी पुरस्कार की इच्छा के बहती हैं। सूर्य प्रतिदिन उगता है।चन्द्रमा बिना किसी

अहंकार के अपनी रोशनी बिखेरता है। प्रकृति में कहीं भी यह प्रतियोगिता दिखाई नहीं देती कि कौन सबसे बड़ा है। लेकिन मनुष्य... वह जन्म लेते ही तुलना करना सीख जाता है। उसका विद्यालय उसे प्रतियोगिता सिखाता है। समाज उसे प्रतिष्ठा सिखाता है। बाज़ार उसे इच्छाएँ सिखाता है और धीरे-धीरे वह भूल जाता है कि वह स्वयं कौन है।

भारतीय दर्शन में एक शब्द बार-बार आता है - माया। बहुत से लोग माया का अर्थ केवल धन समझते हैं। लेकिन क्या माया केवल धन है? यदि ऐसा होता, तो निर्धन मनुष्य कभी भ्रमित नहीं होता। मेरी समझ में माया का अर्थ केवल धन नहीं... बल्कि वह सब कुछ है जो हमें सत्य से दूर ले जाए। अहंकार भी माया है। लालच भी माया है। भय भी माया है। झूठी पहचान भी माया है। यहाँ तक कि अपने विचारों से अत्यधिक आसक्ति भी माया बन सकती है। मैंने अपने जीवन में एक बात महसूस की। मनुष्य बाहर की वस्तुओं को इकट्ठा करता जाता है... लेकिन भीतर से खाली होता जाता है।

घर बड़ा होता जाता है... लेकिन मन छोटा होता जाता है।

बैंक का खाता भरता जाता है... लेकिन हृदय खाली होता जाता है।

जानकारी बढ़ती जाती है... लेकिन ज्ञान कम होता जाता है।

यह कैसी सभ्यता है? जहाँ मनुष्य के पास हजारों मित्रों की सूची है... लेकिन एक ऐसा कंधा नहीं... जिस पर वह निःसंकोच रो सके।

मैं यह नहीं कहता कि धन बुरा है। मैं यह भी नहीं कहता कि तकनीक बुरी है। समस्या वस्तुओं में नहीं... समस्या उस मोह में है... जहाँ मनुष्य वस्तुओं का मालिक नहीं रहता... बल्कि वस्तुएँ उसकी मालिक बन जाती हैं। मैंने कई बार स्वयं से पूछा - यदि आज किसी मनुष्य का मोबाइल छीन लिया जाए... तो क्या वह एक दिन भी शांत रह पाएगा?

यदि इंटरनेट बंद हो जाए... तो क्या वह अपने भीतर टिक पाएगा?

यदि उत्तर "नहीं" है... तो हमें यह पूछना चाहिए कि बंधन कहाँ है? क्या वह बाहर

है... या भीतर?

शायद सभ्यता का वास्तविक अर्थ यह नहीं कि हमने कितनी मशीनें बना लीं। शायद सभ्यता का अर्थ यह है कि हमने अपने भीतर कितनी करुणा बचाकर रखी। यदि मनुष्य चाँद पर पहुँच जाए... लेकिन अपने माता-पिता से प्रेम करना भूल जाए... तो क्या वह सचमुच आगे बढ़ा?

यदि वह समुद्र की सबसे गहरी खाई तक पहुँच जाए... लेकिन अपने ही मन की गहराई से डरता रहे... तो क्या उसकी यात्रा पूरी हुई?

यही वह स्थान है जहाँ मुझे लगता है कि आधुनिक मनुष्य एक चौराहे पर खड़ा है। एक मार्ग उसे और अधिक सुविधाओं की ओर ले जाता है। दूसरा मार्ग उसे स्वयं की ओर। दोनों मार्गों में विरोध नहीं है।

विरोध तब पैदा होता है... जब मनुष्य पहले मार्ग को ही सम्पूर्ण सत्य मान लेता है। मेरे लिए सभ्यता का अर्थ केवल महान शहर नहीं है। सभ्यता का अर्थ है - सत्य बोलने का साहस। प्रेम करने की क्षमता। क्षमा करने का धैर्य और यह स्वीकार करना कि "मैं सब कुछ नहीं जानता।" जिस दिन मनुष्य यह स्वीकार कर लेगा... उसी दिन उसकी वास्तविक शिक्षा शुरू होगी, क्योंकि ज्ञान की पहली सीढ़ी यह नहीं कि "मुझे सब पता है।" ज्ञान की पहली सीढ़ी है - "शायद मैं अभी भी खोज में हूँ।" और शायद... मनुष्य की सबसे बड़ी भूल यही है कि उसने खोज बंद कर दी... और घोषणा कर दी कि उसने सब जान लिया। उसी दिन से... सभ्यता धीरे-धीरे... माया के जाल में बदलने लगी।

4

जीवन का उद्देश्य

यदि इस संसार का सबसे कठिन प्रश्न पूछा जाए, तो शायद वह यह नहीं होगा कि ईश्वर हैं या नहीं। सबसे कठिन प्रश्न यह होगा - "मैं इस संसार में क्यों आया हूँ?"

जब कोई बालक जन्म लेता है, वह रोता है। लोग कहते हैं कि उसका जीवन आरम्भ हो गया। धीरे-धीरे वह चलना सीखता है, बोलना सीखता है, विद्यालय जाता है, डिग्री लेता है, नौकरी करता है, विवाह करता है, बच्चे होते हैं, बूढ़ा होता है और एक दिन संसार छोड़कर चला जाता है।

यदि यही जीवन है... तो फिर यह प्रश्न मेरे मन में बार-बार क्यों उठता है कि - इस पूरी यात्रा का उद्देश्य क्या था?

क्या केवल जीवित रहना ही जीवन है?

यदि हाँ... तो जंगल का प्रत्येक पशु भी यही करता है, वह भी भोजन खोजता है, अपने बच्चों का पालन करता है, वृद्ध होता है और मृत्यु को प्राप्त होता है। फिर मनुष्य और उसमें क्या अंतर है?

मनुष्य के पास बुद्धि है, कल्पना है, विवेक है। वह अपने अस्तित्व पर प्रश्न कर सकता है। शायद यही उसकी सबसे बड़ी विशेषता है। लेकिन मैंने देखा... समाज हमें प्रश्न पूछना नहीं सिखाता। समाज हमें उत्तर याद करना सिखाता है। विद्यालय हमें बताते हैं कि पृथ्वी सूर्य के चारों ओर घूमती है। ग्रह कितने हैं।

इतिहास में कौन-सा युद्ध कब हुआ। यह सब जानना आवश्यक है। लेकिन क्या किसी ने कभी कक्षा में खड़े होकर पूछा - "जीवन का उद्देश्य क्या है?"

यदि पूछा भी... तो क्या किसी ने उत्तर दिया? शायद नहीं, क्योंकि इस प्रश्न का उत्तर किसी पुस्तक के अंतिम पृष्ठ पर नहीं लिखा। यह उत्तर हर मनुष्य को स्वयं खोजना पड़ता है। मैंने अपने जीवन में अनेक लोगों को देखा। कोई करोड़पति बनने के पीछे भाग रहा था, कोई प्रसिद्धि चाहता था, कोई सत्ता चाहता था, कोई सम्मान और जब उनमें से कुछ को वह सब मिल गया... तब भी उनके भीतर एक खालीपन था। तब मुझे लगा - शायद मनुष्य जिस वस्तु को खोज रहा है... वह बाहर नहीं है। यदि बाहर होती... तो उसे प्राप्त करने के बाद खोज समाप्त हो जाती। लेकिन ऐसा नहीं होता। एक इच्छा पूरी होती है। दूसरी जन्म ले लेती है। दूसरी पूरी होती है। तीसरी सामने खड़ी हो जाती है। यह क्रम कभी समाप्त नहीं होता।

क्या यही जीवन है?

मैंने स्वयं से पूछा - यदि मुझे संसार का सारा धन मिल जाए... क्या मैं संतुष्ट हो जाऊँगा?

यदि मुझे सारी प्रसिद्धि मिल जाए... क्या मेरा मन शांत हो जाएगा?

यदि मुझे सारी शक्ति मिल जाए... क्या मेरे भीतर का शून्य भर जाएगा?

उत्तर हर बार "नहीं" था।

फिर मैंने अपने जीवन की ओर देखा। मेरे जीवन में एक ऐसा समय आया... जब मुझे लगा कि मेरा सम्पूर्ण अस्तित्व एक ही व्यक्ति से जुड़ गया है। मैंने प्रेम को केवल भावना नहीं माना। वह मेरे लिए जीवन का केंद्र बन गया। जब वह प्रेम अधूरा रह गया... तब मेरे सामने संसार का सबसे बड़ा प्रश्न खड़ा हो गया।

यदि प्रेम भी छिन जाए... तो फिर जीवन किसलिए?

यह प्रश्न मुझे भीतर तक हिला गया। मैंने उत्तर बाहर खोजने की कोशिश की। लेकिन हर उत्तर अधूरा लगा। तब मुझे समझ आया... शायद जीवन का उद्देश्य

कोई वस्तु नहीं है... जिसे बाज़ार से खरीदा जा सके। वह कोई पद भी नहीं... कोई उपाधि भी नहीं... कोई बैंक बैलेंस भी नहीं। शायद जीवन का उद्देश्य... मनुष्य का धीरे-धीरे स्वयं को पहचानना है।

लेकिन स्वयं को पहचानना इतना कठिन क्यों है?

क्योंकि हम जन्म से ही दूसरों की पहचान पहन लेते हैं। किसी का बेटा। किसी का पिता। किसी का पति। किसी का कर्मचारी। किसी का मित्र। इन सब पहचानों के बीच... एक पहचान छूट जाती है - "मैं कौन हूँ?"

शायद जीवन का उद्देश्य उसी प्रश्न तक लौटना है। मैं यह नहीं कहता कि परिवार छोड़ दो। धन छोड़ दो। समाज छोड़ दो। नहीं। इन सबका अपना स्थान है। लेकिन यदि मनुष्य इन्हीं को अंतिम सत्य मान ले... तो वह स्वयं को भूल जाता है। एक दिन यह शरीर भी चला जाएगा। नाम भी रह जाए या न रहे। संपत्ति किसी और की हो जाएगी। संबंध बदल जाएँगे। तो फिर क्या बचेगा?

यही प्रश्न मुझे बार-बार भीतर बुलाता है। शायद जीवन हमें कुछ पाने के लिए नहीं... कुछ बनने के लिए मिला है। लेकिन क्या बनने के लिए? धनी? प्रसिद्ध? शक्तिशाली? या... जागरूक?

मैं इस पुस्तक में किसी पर उत्तर नहीं थोपूँगा, क्योंकि यदि उत्तर उधार का हो... तो वह ज्ञान नहीं होता। ज्ञान वही है... जो भीतर से जन्म ले। इसलिए मैं तुमसे भी वही प्रश्न पूछता हूँ... जब तुम यह अध्याय पढ़ रहे हो... एक क्षण के लिए अपनी आँखें बंद करो और स्वयं से पूछो - यदि आज मुझसे मेरी नौकरी छिन जाए... मेरा धन चला जाए... मेरी पहचान समाप्त हो जाए... तो क्या मैं फिर भी जानता हूँ कि मैं कौन हूँ?

यदि इस प्रश्न का उत्तर तुम्हारे पास नहीं है... तो निराश मत होना। शायद तुम्हारी यात्रा अभी शुरू हुई है और यदि यह यात्रा शुरू हो गई... तो समझो... जीवन ने तुम्हें अपना पहला रहस्य बता दिया।

5

प्रेम क्यों होता है?

यदि मुझसे कोई पूछे कि इस संसार की सबसे बड़ी शक्ति क्या है, तो मैं धन नहीं कहूँगा। मैं सत्ता नहीं कहूँगा। मैं विज्ञान भी नहीं कहूँगा। मैं केवल एक शब्द कहूँगा - प्रेम। मनुष्य ने पहाड़ जीत लिए। समुद्र पार कर लिए। आकाश में उड़ना सीख लिया। लेकिन आज तक वह प्रेम को पूरी तरह समझ नहीं पाया।

किसी से पूछो - "तुम उससे प्रेम क्यों करते हो?" तो उसके पास उत्तर नहीं होगा। वह केवल इतना कहेगा - "पता नहीं... बस हो गया।" यही प्रेम का पहला रहस्य है।

जिसे सबसे अधिक महसूस किया जाता है... उसे सबसे कम समझाया जा सकता है। मैंने कई बार सोचा - यदि प्रेम केवल शरीर का आकर्षण होता... तो समय के साथ समाप्त हो जाना चाहिए था।

यदि प्रेम केवल साथ रहने का नाम होता... तो दूरी उसे मिटा देती।

यदि प्रेम केवल एक भावना होता... तो परिस्थितियाँ उसे बदल देतीं।

लेकिन मैंने देखा...

कुछ प्रेम समय से भी बड़े हो जाते हैं। कुछ प्रेम दूरी से भी नहीं टूटते। कुछ प्रेम उत्तर न मिलने पर भी जीवित रहते हैं। तब मैंने स्वयं से पूछा - आख़िर प्रेम है क्या?

विज्ञान कहता है कि प्रेम के समय मस्तिष्क में अनेक रसायन सक्रिय होते हैं।

डोपामिन, ऑक्सिटोसिन, सेरोटोनिन। इनका प्रभाव मनुष्य को आनंद, लगाव और अपनापन महसूस कराता है। यह बात अपने स्थान पर सही हो सकती है, लेकिन एक प्रश्न अब भी शेष रहता है। यदि प्रेम केवल रसायनों का खेल है... तो वर्षों बाद भी किसी एक व्यक्ति की स्मृति हृदय को क्यों भिगो देती है?

यदि प्रेम केवल जैविक प्रक्रिया है... तो कोई व्यक्ति किसी के लिए जीवनभर प्रतीक्षा क्यों करता है?

शायद विज्ञान प्रेम की प्रक्रिया बता सकता है... लेकिन उसके अर्थ का उत्तर अभी भी मनुष्य को स्वयं खोजना है।

मेरे जीवन में भी प्रेम आया। मैंने उसे बुलाया नहीं था। मैंने उसे खोजा भी नहीं था, वह स्वयं आया और जब आया... तो उसने मेरे भीतर सब कुछ बदल दिया। पहले मैं संसार को देखता था... अब मैं एक व्यक्ति को देखने लगा। पहले मेरे सपने मेरे थे... अब उनमें किसी और का स्थान था। पहले मैं भविष्य की योजना बनाता था... अब भविष्य का अर्थ उसी से जुड़ गया।

तब मुझे लगा... शायद प्रेम मनुष्य को अधूरा नहीं बनाता। वह उसे यह दिखाता है कि उसके भीतर कितना कुछ छिपा हुआ था। प्रेम मनुष्य को उसकी सीमाओं से मिलाता है। उसके धैर्य की परीक्षा लेता है। उसके अहंकार को तोड़ता है। उसके भीतर छिपी करुणा को जगाता है और कभी-कभी... उसी प्रेम के माध्यम से उसे सबसे गहरी पीड़ा भी देता है।

यहीं प्रेम का दूसरा रहस्य है। जिससे सबसे अधिक सुख मिलता है... उसी से सबसे अधिक दुःख भी मिल सकता है। कई लोग कहते हैं - "प्रेम मत करो, दुःख मिलेगा।" लेकिन मैं सोचता हूँ... क्या बिना प्रेम के जीवन वास्तव में जीवन है?

जिस हृदय ने कभी प्रेम ही न किया हो... क्या उसने वास्तव में जीना सीखा? शायद नहीं। प्रेम केवल किसी को पा लेने का नाम नहीं है। यदि ऐसा होता... तो संसार में कोई अधूरा प्रेम अमर न होता। कभी-कभी प्रेम का सबसे शुद्ध रूप... प्राप्ति में नहीं... प्रतीक्षा में दिखाई देता है। कभी त्याग में। कभी मौन में और कभी केवल एक स्मृति में। मैंने अपने जीवन में यह अनुभव किया कि प्रेम मनुष्य को दो रास्ते

देता है।

पहला - वह उसे स्वार्थी बना सकता है।

दूसरा - वह उसे इतना गहरा बना सकता है कि वह स्वयं से भी आगे निकल जाए।

यह चुनाव प्रेम नहीं करता। यह चुनाव मनुष्य करता है। मैंने भी अपने जीवन में अनेक प्रश्न पूछे।

क्यों वही व्यक्ति?

क्यों वही मिलन?

क्यों वही बिछड़ना?

क्यों वही प्रतीक्षा?

मेरे पास इन प्रश्नों के उत्तर आज भी नहीं हैं। शायद इस पुस्तक के अंत तक भी न हों। लेकिन एक बात मैं निश्चित रूप से जानता हूँ। यदि प्रेम ने मुझे पीड़ा दी... तो उसी ने मुझे प्रश्न भी दिए।

यदि प्रेम न होता... तो शायद मैं कभी जीवन के उद्देश्य पर विचार ही न करता। शायद मैं भी भीड़ का एक साधारण व्यक्ति बनकर रह जाता। प्रेम ने मुझे तोड़ा। लेकिन उसी टूटन ने मुझे भीतर झाँकना सिखाया। आज भी जब मैं अपने जीवन को पीछे मुड़कर देखता हूँ... तो मुझे लगता है - जिसे मैंने अपना सबसे बड़ा दुःख समझा... शायद वही मेरी सबसे बड़ी शिक्षा बन गया। इसलिए मैं प्रेम को अभिशाप नहीं कह सकता, क्योंकि उसी ने मुझे इस यात्रा पर भेजा।

उसी ने मुझे प्रश्न दिए। उसी ने मुझे सत्य की खोज में लगाया और शायद... इसीलिए... इस पुस्तक का जन्म भी प्रेम से हुआ है। यदि प्रेम न होता... तो शायद यह पुस्तक भी कभी न लिखी जाती।

6

विरह की अग्नि

कहा जाता है कि संसार में सबसे अधिक जलाने वाली अग्नि अग्निकुंड की होती है। कुछ लोग कहते हैं - ज्वालामुखी की अग्नि सबसे प्रचंड होती है। लेकिन जिसने कभी सच्चा प्रेम किया हो... वह जानता है... इन सबसे अधिक प्रचंड एक और अग्नि होती है।

विरह की अग्नि।

यह शरीर को नहीं जलाती... यह आत्मा को तपाती है। इसमें कोई धुआँ दिखाई नहीं देता, कोई लपटें नहीं उठतीं... फिर भी मनुष्य भीतर-ही-भीतर जलता रहता है।

मैंने पहले सोचा था कि प्रेम का सबसे सुंदर क्षण मिलन होता है। लेकिन समय ने मुझे सिखाया - प्रेम की सबसे कठिन परीक्षा विरह है। मिलन में मुस्कुराना आसान है। विरह में प्रेम को जीवित रखना कठिन है। जब कोई अपना दूर चला जाता है... तब केवल दूरी नहीं बढ़ती। उसके साथ अनेक प्रश्न जन्म लेते हैं।

क्या मेरी कमी थी?

क्या मैं पर्याप्त नहीं था?

क्या समय गलत था?

या भाग्य? फिर धीरे-धीरे प्रश्न बदल जाते हैं।

क्या वह भी मुझे याद करता होगा?

क्या कभी उसने भी मेरी तरह रातें जागकर बिताई होंगी?

क्या उसके मन में भी कभी मेरा नाम आया होगा?

इन प्रश्नों का उत्तर कोई नहीं देता, समय भी नहीं, मौन भी नहीं और कभी-कभी... ईश्वर भी नहीं। यहीं से विरह मनुष्य को बदलना शुरू करता है। कुछ लोग टूट जाते हैं, कुछ लोग कठोर हो जाते हैं, कुछ लोग प्रेम से घृणा करने लगते हैं और कुछ... प्रेम को प्रार्थना बना लेते हैं। मैं नहीं जानता कि मैं किस मार्ग पर चल पड़ा। लेकिन इतना अवश्य जानता हूँ कि विरह ने मुझे वह बना दिया... जो मैं पहले कभी नहीं था।

पहले मैं संसार को समझना चाहता था। अब मैं स्वयं को समझना चाहता था। पहले मैं भविष्य की योजना बनाता था। अब मैं एक ही प्रश्न में जीने लगा, क्यों? यह "क्यों" ही मेरी साधना बन गया। लोग कहते थे - "भूल जाओ।" कुछ कहते - "समय सब ठीक कर देगा।" कुछ कहते - "नई शुरुआत करो।" वे सब अपनी जगह ठीक थे। लेकिन वे यह नहीं जानते थे... कि कुछ रिश्ते स्मृति में नहीं रहते... वे साँसों में बस जाते हैं। उन्हें भूलना उतना ही कठिन होता है... जितना स्वयं को भूलना।

मैंने कई बार स्वयं से संघर्ष किया। क्या यह प्रेम है... या केवल मोह?

यदि यह मोह है... तो इतने वर्षों बाद भी समाप्त क्यों नहीं हुआ?

यदि यह प्रेम है... तो इसमें इतनी पीड़ा क्यों है?

मुझे कोई उत्तर नहीं मिला। लेकिन एक दिन एक और बात समझ आई। शायद विरह का उद्देश्य हमें दंड देना नहीं... हमें बदलना होता है। सोना आग में तपकर ही कुंदन बनता है। मिट्टी चाक पर घूमकर ही घड़ा बनती है। बीज अंधेरी मिट्टी में दबकर ही वृक्ष बनता है। तो क्या मनुष्य भी... विरह में तपकर कुछ नया बनता

है?

मैं आज भी इसका उत्तर खोज रहा हूँ। कई रातें ऐसी थीं... जब नींद आँखों तक आई... लेकिन मन तक नहीं पहुँची। चारों ओर सन्नाटा था... लेकिन भीतर स्मृतियों का शोर था। मैंने उस शोर से भागने की कोशिश की। काम में, लोगों में, गीतों में, शब्दों में। लेकिन जहाँ भी गया... वह मेरे साथ था। तब समझ आया... जिससे हम भागते हैं... वह बाहर नहीं... भीतर रहता है और भीतर से भागना असंभव है। धीरे-धीरे मैंने विरह से लड़ना छोड़ दिया। मैंने उसे सुनना शुरू किया। उसने मुझसे कहा - "तुम मुझे शत्रु समझ रहे हो। लेकिन मैं तुम्हें तुम्हारे भीतर ले जाने आया हूँ।"

उस दिन पहली बार मुझे लगा... शायद हर पीड़ा का कोई अर्थ होता है। भले ही वह अर्थ हमें वर्षों बाद समझ आए। आज भी जब मैं पीछे मुड़कर देखता हूँ... तो मेरे भीतर एक टीस उठती है। कुछ नाम ऐसे होते हैं... जिन्हें होंठों से नहीं... आत्मा से पुकारा जाता है।

कुछ लोग ऐसे होते हैं... जो जीवन से जाकर भी कभी नहीं जाते। शायद इसी का नाम विरह है। विरह... जिसमें मिलने की आशा और बिछड़ने की पीड़ा... दोनों साथ जीवित रहते हैं और शायद... प्रेम की सबसे बड़ी परीक्षा यही नहीं कि तुम किसी के साथ कितने वर्ष रहे... बल्कि यह है कि उसके बिना भी... तुम्हारे भीतर प्रेम जीवित रहा या नहीं, क्योंकि जो प्रेम केवल साथ रहने तक सीमित हो... वह परिस्थितियों का साथी है। लेकिन जो प्रेम अनुपस्थिति में भी करुणा, सम्मान और सत्य को जीवित रखे... वह शायद आत्मा की भाषा है। यही विरह की अग्नि है। जो जलाती भी है... और यदि मनुष्य टूटने के बजाय सीखने का साहस करे... तो वही अग्नि... उसे नया भी बना सकती है।

7

प्रार्थना

यदि कोई मुझसे पूछे... कि मेरे जीवन में सबसे अधिक क्या बदला है... तो मैं कहूँगा - मेरी प्रार्थना।

एक समय था... जब मैं ईश्वर से बहुत कुछ माँगता था। सुख... सफलता... अपनों का साथ... और सबसे अधिक... निधि।

मुझे लगता था... प्रार्थना का अर्थ है... अपनी इच्छाएँ ईश्वर तक पहुँचा देना। लेकिन समय बीतता गया। कुछ इच्छाएँ पूरी हुईं। कुछ नहीं हुईं। कुछ ऐसी भी थीं... जिनके लिए मैंने वर्षों तक प्रार्थना की... फिर भी परिस्थितियाँ नहीं बदलीं।

तब मेरे भीतर प्रश्न उठा - क्या ईश्वर सुनते नहीं हैं? या... मैं प्रार्थना का अर्थ ही नहीं समझ पाया?

मेरे जीवन में... कई ऐसे क्षण आए... जब मेरे पास शब्द नहीं थे। मैं केवल मौन था। आँखों में आँसू थे... और मन में एक ऐसी पीड़ा... जिसे किसी भाषा में व्यक्त नहीं किया जा सकता था। उसी समय... मुझे पहली बार लगा... कि शायद... प्रार्थना शब्दों से नहीं होती। प्रार्थना... हृदय से होती है। कई बार... मैं शिवजी के सामने बैठा। कुछ नहीं कहा। बस... शांत बैठा रहा और मुझे ऐसा अनुभव हुआ... मानो मेरे भीतर का बोझ... धीरे-धीरे हल्का होने लगा।

क्या यह शिवजी की कृपा थी?

क्या यह मेरे मन का प्रभाव था?

मैं निश्चित रूप से नहीं कह सकता। लेकिन... जो शांति मुझे उस मौन में मिली... वह वास्तविक थी। मेरे लिए... प्रार्थना का सबसे बड़ा अर्थ... उत्तर मिलना नहीं रहा। प्रार्थना का अर्थ... अपने भीतर टूटे हुए मन को... संभालना बन गया।

मैंने कई बार... निधि के लिए प्रार्थना की।

मैंने ईश्वर से कहा - "यदि यह प्रेम सत्य है... तो उसे उसके उचित समय तक सुरक्षित रखना।" लेकिन धीरे-धीरे... मेरी प्रार्थना बदलने लगी। मैंने कहना शुरू किया - "यदि मेरी इच्छा पूरी न भी हो... तो मुझे उसे स्वीकार करने की शक्ति देना।" यह कहना आसान नहीं था। क्योंकि मन... अब भी वही चाहता था... जो वर्षों पहले चाहता था। लेकिन शायद... प्रार्थना का उद्देश्य... ईश्वर को बदलना नहीं। स्वयं को बदलना है।

मैंने यह भी अनुभव किया... कि जब मनुष्य केवल अपने लिए प्रार्थना करता है... तो उसका हृदय सीमित रह जाता है। लेकिन जब वह... दूसरों के दुःख दूर करने के लिए भी प्रार्थना करने लगता है... तो उसके भीतर करुणा जन्म लेने लगती है।

भारतीय आध्यात्मिक परंपराओं में... प्रार्थना केवल माँगना नहीं मानी गई। उसे समर्पण... कृतज्ञता...और आत्मशुद्धि का मार्ग भी माना गया है। मैं यह दावा नहीं करता... कि मेरी हर प्रार्थना सुनी गई। लेकिन मैं यह अवश्य कह सकता हूँ... कि हर सच्ची प्रार्थना ने... मुझे बदल दिया।

आज... यदि कोई मुझसे पूछे - "प्रार्थना क्या है?" तो मैं कहूँगा - "प्रार्थना वह क्षण है, जब मनुष्य अपने अहंकार को कुछ देर के लिए छोड़कर, पूरे सत्य के साथ अपने हृदय को ईश्वर, जीवन या उस परम सत्ता के सामने खोल देता है।" वहाँ... शब्द भी हो सकते हैं। मौन भी। आँसू भी और केवल एक गहरी साँस भी।

शायद... सच्ची प्रार्थना वही है... जहाँ मनुष्य... उत्तर मिलने की ज़िद छोड़ देता है... और इतना ही कहता है - "जो सत्य है... उसे स्वीकार करने की शक्ति देना।"

मेरी यात्रा में... प्रार्थना ने मेरी परिस्थितियाँ हमेशा नहीं बदलीं। लेकिन उसने... उन

परिस्थितियों को देखने वाला मेरा मन... धीरे-धीरे बदल दिया और शायद... यही उसकी सबसे बड़ी शक्ति है, क्योंकि...जब शब्द समाप्त हो जाते हैं... तभी... सच्ची प्रार्थना आरम्भ होती है।

8

मन

मनुष्य ने महासागरों को माप लिया। उसने पर्वतों की ऊँचाई जान ली। उसने ग्रहों की दूरी भी गिन ली। लेकिन एक स्थान ऐसा है... जहाँ आज भी वह पूरी तरह नहीं पहुँच पाया। वह स्थान है - उसका अपना मन।

मैंने जीवन में अनेक लोगों को देखा। कुछ धनवान थे, फिर भी दुखी थे। कुछ निर्धन थे, फिर भी शांत थे। कुछ के पास सब कुछ था, फिर भी वे खाली थे और कुछ के पास बहुत कम था, फिर भी वे पूर्ण दिखाई देते थे। तब मुझे लगा... सुख और दुःख का घर बाहर नहीं... मन के भीतर है। एक ही घटना... दो मनुष्यों के जीवन में अलग-अलग परिणाम लाती है। एक हारकर टूट जाता है। दूसरा हारकर और मजबूत बन जाता है।

घटना एक होती है... लेकिन मन अलग-अलग होता है। तभी परिणाम भी अलग होते हैं। मैंने अपने मन को बहुत समझाने की कोशिश की। कहा - "अब भूल जाओ।" लेकिन मन ने नहीं माना।

मैंने कहा - "समय सब ठीक कर देगा।" मन चुप रहा।

मैंने कहा - "अब आगे बढ़ो।" मन फिर भी वहीं खड़ा रहा।

तब पहली बार मुझे लगा... शायद मन आदेश से नहीं चलता। मन को समझना पड़ता है। हम अपने शरीर का ध्यान रखते हैं। भूख लगे तो भोजन देते हैं। बीमार

हो जाए तो दवा देते हैं। थक जाए तो आराम देते हैं।

लेकिन मन? हम उससे केवल काम लेते हैं। उसे कभी बैठाकर सुनते नहीं। शायद इसी कारण वह एक दिन विद्रोह कर देता है। कभी चिंता बनकर। कभी भय बनकर। कभी क्रोध बनकर और कभी... विरह बनकर। धीरे-धीरे मैंने अपने मन को देखना शुरू किया। पहले मैं सोचता था - मैं सोच रहा हूँ। फिर एक दिन लगा - नहीं... विचार अपने-आप आ रहे हैं। यदि विचार अपने-आप आते हैं... तो उन्हें देखने वाला कौन है?

यह प्रश्न मेरे भीतर गूँजने लगा। जब मैं शांत बैठता... तो मन भविष्य में भाग जाता। जब भविष्य से लौटता... तो अतीत में चला जाता। वर्तमान में वह बहुत कम ठहरता। तब मुझे समझ आया कि मन को वर्तमान पसंद नहीं। वह या तो बीते हुए कल में रहता है... या आने वाले कल में। आज में नहीं। इसी कारण शायद मनुष्य वर्तमान का आनंद खो देता है।

मैंने एक और बात देखी। मन बड़ा विचित्र है। जिस वस्तु को पाने की तीव्र इच्छा करता है... उसे पा लेने के बाद कुछ समय में उसी से ऊब भी जाता है। फिर किसी नई इच्छा के पीछे भागता है। इच्छाओं का यह चक्र कभी समाप्त नहीं होता।

क्या यही मन की प्रकृति है?

या हमने उसे ऐसा बना दिया है?

मैं उत्तर नहीं जानता। लेकिन इतना अवश्य जानता हूँ... जिस दिन मन शांत होता है... उसी दिन संसार भी शांत दिखाई देता है और जिस दिन मन अशांत होता है... उस दिन पूरी दुनिया शत्रु जैसी लगती है।

फिर मुझे भारतीय दर्शन की एक बात याद आई। वहाँ कहा गया है - मन यदि वश में हो... तो वही सबसे बड़ा मित्र है और यदि मन ही तुम्हें चलाने लगे... तो वही सबसे बड़ा शत्रु है।

मैंने यह बात केवल पढ़ी नहीं... जी भी। जब प्रेम मिला... मन ने मुझे आकाश दिखाया। जब विरह मिला...उसी मन ने मुझे अंधकार दिखाया। तब मुझे लगा...

दुःख बाहर नहीं था। दुःख उस अर्थ में था... जो मेरा मन उस घटना को दे रहा था। यह समझना आसान नहीं था। आज भी नहीं है। लेकिन इसी समझ ने मेरे भीतर एक नया प्रश्न जन्म दिया।

यदि मन इतना शक्तिशाली है...तो क्या मन से भी परे कुछ है?

क्या कोई ऐसा साक्षी है... जो मन को भी देख सकता है?

जब मैं रो रहा होता हूँ... तो क्या मेरे भीतर कोई ऐसा भी है... जो उस रोने को देख रहा है?

यदि है... तो वह कौन है?

यहीं से मेरी यात्रा मन से आगे बढ़ी। मन ने मुझे प्रश्न तक पहुँचाया। लेकिन उत्तर शायद मन के पार था। शायद उसी की खोज में... मनुष्य सदियों से ध्यान करता आया है। शायद उसी की खोज में ऋषि जंगलों में गए। शायद उसी की खोज में भक्त मंदिरों में रोए और शायद... मैं भी उसी खोज के पहले द्‌वार पर खड़ा था,क्योंकि उस दिन मुझे पहली बार लगा... बाहर की दुनिया को समझने से पहले... मुझे अपने मन को समझना होगा और शायद... मन को समझना ही... भीतर की दुनिया का पहला द्‌वार है।

9

स्वप्न

हर मनुष्य स्वप्न देखता है। कोई उन्हें सुबह उठते ही भूल जाता है। कोई उन्हें केवल मन की कल्पना मानकर हँस देता है और कुछ लोग... उन स्वप्नों में ऐसे प्रश्न खोजने लगते हैं जो जागते हुए कभी नहीं मिले। मैं भी उन्हीं लोगों में से एक था। मुझे लगता था कि स्वप्न केवल रात की कहानियाँ हैं। दिन भर जो देखा... वही रात को दिखाई देता है। यह बात कुछ हद तक सही भी लगी। लेकिन समय के साथ कुछ ऐसे स्वप्न आने लगे...जो साधारण नहीं थे।

कुछ स्वप्न इतने स्पष्ट थे कि जागने के बाद भी उनका प्रभाव कई दिनों तक बना रहता था। उनमें भावनाएँ भी थीं। संवाद भी थे और कभी-कभी... ऐसे उत्तर भी मिलते थे जिनके प्रश्न मैंने जागते हुए पूछे थे। तब मेरे भीतर एक नया प्रश्न उठा - स्वप्न क्या हैं?

क्या वे केवल मस्तिष्क की गतिविधि हैं?

या वे किसी और संसार की खिड़की भी हो सकते हैं?

विज्ञान कहता है कि जब हम सोते हैं, तब भी हमारा मस्तिष्क सक्रिय रहता है। वह स्मृतियों को व्यवस्थित करता है। भावनाओं को संसाधित करता है। दिन भर के अनुभवों को नए रूप में जोड़ता है। इसी प्रक्रिया में स्वप्न उत्पन्न होते हैं। यह समझ अपने स्थान पर महत्वपूर्ण है। लेकिन मेरे लिए प्रश्न वहीं समाप्त नहीं हुआ। क्योंकि कुछ स्वप्न ऐसे थे... जिन्होंने केवल दृश्य नहीं दिखाए...उन्होंने मेरे

भीतर परिवर्तन भी किया।

मैंने स्वयं से पूछा - यदि स्वप्न केवल कल्पना हैं... तो कभी-कभी उनका प्रभाव वास्तविक घटनाओं से भी अधिक गहरा क्यों होता है?

क्यों एक स्वप्न वर्षों तक स्मृति में जीवित रहता है... जबकि अनेक वास्तविक घटनाएँ भूल जाती हैं? मुझे उत्तर नहीं मिला।

फिर मैंने भारतीय परंपरा की ओर देखा। उपनिषद जाग्रत, स्वप्न और सुषुप्ति - इन तीन अवस्थाओं का वर्णन करते हैं। योग और वेदांत में भी स्वप्न केवल मनोरंजन का विषय नहीं... बल्कि चेतना को समझने का एक माध्यम माने गए हैं। लेकिन वहाँ भी सावधानी रखी गई है। हर स्वप्न को दिव्य संदेश नहीं कहा गया और हर स्वप्न को व्यर्थ भी नहीं कहा गया। यहीं से मुझे एक बात समझ आई। स्वप्नों के साथ सबसे बड़ी भूल दो प्रकार की होती है।

पहली - हर स्वप्न को ईश्वर का आदेश मान लेना। दूसरी - हर स्वप्न को निरर्थक कहकर फेंक देना। शायद सत्य इन दोनों के बीच कहीं है।

मेरे जीवन में कुछ ऐसे स्वप्न आए... जिन्होंने मुझे भीतर तक हिला दिया। उनमें मुझे ऐसा अनुभव हुआ मानो कोई मार्गदर्शन दे रहा हो। वे स्वप्न मेरे लिए सामान्य नहीं थे। क्या वे वास्तव में ईश्वर का संदेश थे?

क्या वे मेरे अपने मन की गहराइयों से निकली आवाज़ थे?

मैं आज भी इसका अंतिम उत्तर नहीं दे सकता और शायद... मुझे जल्दबाज़ी में कोई उत्तर देना भी नहीं चाहिए, क्योंकि सत्य को खोजने वाला मनुष्य... अपने अनुभव का सम्मान करता है। लेकिन वह उसे बिना परखे अंतिम सत्य घोषित नहीं करता।

मैंने अपने स्वप्नों को न तो पूजा... और न ही उनका उपहास किया। मैंने उन्हें प्रश्नों की तरह स्वीकार किया। कुछ प्रश्नों ने मुझे विज्ञान तक पहुँचाया। कुछ ने मुझे शास्त्रों तक और कुछ ने मुझे मौन तक पहुँचा दिया। मुझे धीरे-धीरे समझ आने लगा... कि स्वप्न का सबसे बड़ा मूल्य भविष्य बताना नहीं है।उसका सबसे बड़ा मूल्य... हमारे भीतर छिपे प्रश्नों को सामने लाना है।

कभी वे हमारे भय दिखाते हैं, कभी हमारी इच्छाएँ, कभी हमारी स्मृतियाँ और कभी... वे हमें ऐसी दिशा में सोचने के लिए प्रेरित करते हैं... जहाँ हम पहले कभी गए ही नहीं थे। शायद स्वप्न एक दर्पण हैं। लेकिन वह दर्पण चेहरे का नहीं... चेतना का है। उसमें हम वैसे नहीं दिखाई देते... जैसे दुनिया हमें देखती है। उसमें हम वैसे दिखाई देते हैं... जैसे हम भीतर हैं।

मैंने यह भी देखा कि स्वप्नों का अर्थ केवल उन्हें याद रखने में नहीं... बल्कि यह देखने में है कि वे हमारे जीवन को किस दिशा में ले जाते हैं। यदि कोई स्वप्न मनुष्य को अहंकारी बना दे... तो उससे सावधान रहना चाहिए। यदि कोई स्वप्न उसे भय में जीने पर मजबूर कर दे...तो उसे परखना चाहिए। लेकिन यदि कोई स्वप्न उसे सत्य, करुणा, धैर्य और आत्मचिंतन की ओर ले जाए... तो शायद उसमें कोई गहरा संदेश छिपा हो।

मैं यह पुस्तक इसलिए नहीं लिख रहा कि तुम मेरे स्वप्नों पर विश्वास कर लो। मैं यह पुस्तक इसलिए भी नहीं लिख रहा कि तुम उन्हें अस्वीकार कर दो। मैं केवल इतना चाहता हूँ... कि जब तुम अपने जीवन के किसी ऐसे स्वप्न को याद करो... जिसने तुम्हें भीतर तक बदल दिया हो... तो एक क्षण रुककर स्वयं से पूछो - क्या यह केवल एक स्वप्न था? या उसने मेरे भीतर कोई ऐसा द्वार खोला... जो पहले बंद था?

मैं आज भी उस प्रश्न का उत्तर खोज रहा हूँ और शायद... मेरी आगे की पूरी यात्रा... उसी उत्तर की खोज है। क्योंकि कभी-कभी... आँखें बंद होने पर... मनुष्य वह देखना शुरू करता है...जिसे खुली आँखों से देख पाना संभव नहीं होता।

10

आत्मा

क्या हम केवल शरीर हैं?

यदि किसी मनुष्य से उसका परिचय पूछा जाए, तो वह अपना नाम बताएगा।

यदि उससे फिर पूछा जाए, "तुम कौन हो?" तो वह अपना व्यवसाय बताएगा।

यदि एक बार और पूछा जाए... तो वह अपने परिवार का परिचय देगा।

लेकिन यदि उससे बार-बार एक ही प्रश्न पूछा जाए - "इन सबके बिना... तुम कौन हो?" तो शायद वह मौन हो जाएगा। मैं भी कभी इसी प्रश्न के सामने खड़ा था। मैंने सुना था कि मनुष्य के भीतर आत्मा होती है। शरीर नष्ट हो जाता है। आत्मा नहीं। यह बात मैंने अनेक लोगों से सुनी। धर्मग्रंथों में पढ़ी। संतों के मुख से भी सुनी। लेकिन मैंने स्वयं से पूछा - क्या मैंने कभी आत्मा को जाना है?

किसी बात को सुन लेना... और उसे अनुभव कर लेना... इन दोनों में उतना ही अंतर है, जितना किसी नदी का चित्र देखने और स्वयं उस नदी में उतरने में होता है। मैंने शरीर को देखा... उसकी सीमाएँ देखीं। वह जन्म लेता है, बढ़ता है, बीमार पड़ता है, वृद्ध होता है और एक दिन समाप्त हो जाता है। यह सत्य हर मनुष्य के सामने है। लेकिन एक प्रश्न मेरे भीतर लगातार उठता रहा। यदि शरीर ही सब कुछ है... तो मृत्यु का विचार मनुष्य को इतना भयभीत क्यों करता है?

क्या उसे केवल शरीर के समाप्त होने का भय है... या अपनी पहचान खो देने का?

भारतीय दर्शन कहता है - आत्मा जन्म नहीं लेती... मरती नहीं। वह केवल शरीर बदलती है। यह विचार हजारों वर्षों से चला आ रहा है।

दूसरी ओर विज्ञान... अब तक आत्मा को उसी रूप में माप या सिद्ध नहीं कर पाया है। विज्ञान शरीर का अध्ययन करता है। मस्तिष्क का अध्ययन करता है। चेतना पर भी शोध करता है। लेकिन आत्मा... अब भी एक खुला प्रश्न है। यहीं से मेरी खोज आत्मा को लेकर शुरू हुई। मैंने यह मानने से इंकार किया कि केवल इसलिए कोई बात सत्य है क्योंकि वह किसी पुस्तक में लिखी है। लेकिन मैंने यह भी स्वीकार नहीं किया कि जो विज्ञान अभी न समझ पाए... वह असंभव ही होगा।

मैंने दोनों के बीच चलने का निर्णय लिया। प्रश्न लेकर। अहंकार लेकर नहीं। धीरे-धीरे मेरे जीवन में कुछ ऐसे स्वप्न आने लगे... जिन्होंने मुझे शरीर और आत्मा के संबंध पर सोचने के लिए विवश कर दिया। उन स्वप्नों में मुझे ऐसा अनुभव हुआ... मानो मनुष्य केवल शरीर तक सीमित नहीं है। मानो चेतना की कोई ऐसी परत भी है... जो सामान्य जाग्रत अवस्था से अलग है। क्या वह वास्तव में आत्मा थी? या मेरे मन की गहराई?

मैं आज भी निश्चित उत्तर नहीं दे सकता। लेकिन उन अनुभवों ने मेरे भीतर यह विश्वास अवश्य जगाया... कि मनुष्य के बारे में हमारी समझ अभी अधूरी है। मैंने अपने जीवन में एक बात महसूस की। शरीर थकता है... लेकिन कभी-कभी आशा नहीं थकती। शरीर रोता है... लेकिन भीतर कोई ऐसा भी होता है... जो उस रोने को देख रहा होता है।

जब मैं स्वयं को देखता हूँ... तो मेरे भीतर दो अनुभव होते हैं। एक... जो सोचता है, जो चाहता है, जो दुखी होता है, जो प्रसन्न होता है और दूसरा... जो इन सबको देखता है। यदि देखने वाला भी मन है... तो मन स्वयं को कैसे देख रहा है? यही प्रश्न मुझे आत्मा तक ले आया। शायद आत्मा कोई वस्तु नहीं... जिसे हाथ में लेकर दिखाया जा सके। शायद वह अनुभव है। शायद वह साक्षी है। शायद वह वह मौन है... जो विचारों के पीछे हमेशा उपस्थित रहता है।

लेकिन मैं यह सब अंतिम सत्य के रूप में नहीं कहता। क्योंकि मेरी यात्रा अभी

समाप्त नहीं हुई। मैं केवल इतना कह सकता हूँ... कि यदि मनुष्य स्वयं को केवल शरीर मानकर जीता है... तो उसका जीवन सीमित हो जाता है और यदि वह बिना समझे हर अनुभव को आत्मा का प्रमाण मान ले... तो वह भ्रम में भी पड़ सकता है। इसलिए मैंने अपने लिए एक मार्ग चुना। न अंधविश्वास। न अंध-अस्वीकार। मैंने खोज को चुना। मैंने प्रश्नों को चुना और उसी खोज में मुझे एक और विचार मिला। यदि आत्मा है... तो क्या वह केवल मनुष्यों में है? या प्रत्येक जीव में?

क्या एक चींटी... एक पक्षी... एक वृक्ष... एक मछली... क्या इन सबमें भी वही जीवन-स्पंदन है?

यदि हाँ... तो फिर करुणा केवल नैतिक शिक्षा नहीं रह जाती। वह अस्तित्व की पहचान बन जाती है। शायद इसी कारण संसार की अनेक परंपराएँ कहती हैं - जिसे तुम दूसरे में देख रहे हो... वह उसी चेतना का एक और रूप है। यदि यह सत्य है... तो किसी को दुःख देना... अंततः स्वयं को ही दुःख देना है। यहीं से मेरी खोज एक नए मोड़ पर पहुँची।अब प्रश्न केवल यह नहीं था कि आत्मा है या नहीं।

प्रश्न यह था - यदि आत्मा है... तो वह कहाँ से आती है? कहाँ जाती है? क्या वह केवल जन्म और मृत्यु के बीच की यात्री है... या उससे भी कहीं अधिक? इन्हीं प्रश्नों ने मुझे उन स्वप्नों की ओर लौटने के लिए विवश किया... जहाँ मुझे ऐसा अनुभव हुआ कि चेतना की यात्रा... मेरी समझ से कहीं अधिक विशाल हो सकती है। शायद... भीतर की दुनिया का द्वार... यहीं से खुलता है।

11

ध्यान

जब मैंने "ध्यान" शब्द सुना, तब मुझे लगा कि ध्यान का अर्थ है आँखें बंद करके चुपचाप बैठ जाना। मैंने अनेक लोगों को देखा। कोई पद्मासन में बैठा था। कोई मंत्र जप रहा था। कोई श्वास पर ध्यान दे रहा था। कोई घंटों मौन रहता था। मैं सोचता था - क्या यही ध्यान है?

यदि केवल आँखें बंद कर लेना ही ध्यान होता... तो संसार का प्रत्येक सोता हुआ मनुष्य ध्यान में होता। लेकिन ऐसा नहीं है। आँखें बंद करना सरल है। मन को शांत करना कठिन है और स्वयं को देख पाना... सबसे कठिन। धीरे-धीरे मुझे समझ आने लगा कि ध्यान किसी विशेष धर्म की संपत्ति नहीं है। ध्यान किसी मंदिर, मस्जिद, गिरजाघर या गुरुद्वारे की सीमा में बँधा नहीं है। ध्यान... मनुष्य की अपनी यात्रा है। वह यात्रा... जिसमें मनुष्य पहली बार स्वयं से मिलता है।

हमारा पूरा जीवन बाहर की ओर चलता है। हम बाहर देखते हैं। बाहर सुनते हैं। बाहर खोजते हैं। बाहर दौड़ते हैं। लेकिन क्या कभी हमने भीतर देखने का प्रयास किया? शायद बहुत कम। हम अपने विचारों को देखते नहीं... हम उनके साथ बह जाते हैं।

कोई क्रोध आया... तो हम क्रोध बन गए।

कोई भय आया... तो हम भय बन गए।

कोई इच्छा आई... तो हम इच्छा बन गए।

ध्यान शायद पहली बार यह सिखाता है... कि तुम विचार नहीं हो। तुम उन्हें देखने वाले हो। पहले-पहल जब मैंने कुछ देर शांत बैठने का प्रयास किया... तो मुझे लगा कि मेरा मन पहले से भी अधिक अशांत हो गया है। एक विचार गया... दूसरा आ गया। दूसरा गया... तीसरा आ गया। मानो भीतर एक ऐसा बाज़ार लगा हो... जो कभी बंद ही नहीं होता। तब मुझे लगा - ध्यान मेरे बस की बात नहीं।

लेकिन बाद में समझ आया... मन पहले भी ऐसा ही था। अंतर केवल इतना था कि पहले मैं उसे देख नहीं रहा था। अब पहली बार देख रहा था। ध्यान मन को अशांत नहीं करता। ध्यान... मन की अशांति को हमारे सामने प्रकट कर देता है। जैसे शांत झील में पहली बार अपना चेहरा दिखाई देता है... वैसे ही मौन में पहली बार अपना मन दिखाई देता है। कई लोग ध्यान इसलिए करते हैं कि उन्हें कोई शक्ति मिल जाए। कोई चमत्कार हो जाए। कोई अलौकिक अनुभव मिल जाए।लेकिन क्या यही ध्यान का उद्देश्य है?

यदि ध्यान भी केवल इच्छाओं को पूरा करने का साधन बन जाए... तो वह भी एक व्यापार बन जाएगा। मेरी समझ में ध्यान का उद्देश्य कुछ पाना नहीं... बल्कि बहुत कुछ छोड़ना है।

छोड़ना - अहंकार, भय, क्रोध, ईर्ष्या और वह झूठी पहचान... जिसे हम जीवनभर "मैं" समझते रहते हैं।

भारतीय ऋषियों ने ध्यान को भीतर की प्रयोगशाला कहा। विज्ञान बाहर प्रयोग करता है। ध्यान भीतर। दोनों का उद्देश्य अलग है। लेकिन दोनों में एक समानता है। दोनों अनुभव चाहते हैं। सिर्फ़ विश्वास नहीं। ध्यान के मार्ग पर चलते हुए मुझे एक बात और समझ आई। ध्यान का अर्थ विचारों से लड़ना नहीं है।

यदि तुम विचारों से लड़ोगे... तो वे और शक्तिशाली हो जाएँगे। ध्यान का अर्थ है... उन्हें आते-जाते देखना। जैसे आकाश बादलों से नहीं लड़ता... वैसे ही साक्षी मन विचारों से नहीं लड़ता। धीरे-धीरे मैंने यह अनुभव किया कि कुछ क्षण ऐसे भी आते हैं... जब विचार कम हो जाते हैं। समय मानो ठहर जाता है और भीतर एक गहरा

मौन उतरने लगता है।

वह मौन शब्दों का अभाव नहीं था। वह एक अलग प्रकार की उपस्थिति थी। उसे समझाना कठिन है। उसे केवल अनुभव किया जा सकता है। क्या वही ध्यान की शुरुआत है? या अभी भी उससे बहुत दूर हूँ?

मैं नहीं जानता। लेकिन इतना अवश्य जानता हूँ कि ध्यान ने मुझे बाहर की दुनिया से भागना नहीं सिखाया। उसने मुझे बाहर की दुनिया को अधिक स्पष्ट देखना सिखाया। उसने मुझे यह भी सिखाया कि यदि मनुष्य अपने भीतर के शोर को नहीं समझेगा... तो बाहर का शोर कभी समाप्त नहीं होगा।

आज संसार पहले से अधिक बोल रहा है। लेकिन शायद पहले से कम सुन रहा है। ध्यान... सुनना सिखाता है। दूसरों को भी और स्वयं को भी। शायद इसलिए संसार के महान ऋषि, बुद्‌ध, योगी और संत... पहले मौन में गए। फिर बोले क्योंकि जो स्वयं को नहीं सुन पाया... वह संसार को क्या सुनाएगा?

मेरी यात्रा अभी भी जारी है। मैं स्वयं को ध्यान का ज्ञाता नहीं कहता। मैं तो केवल एक यात्री हूँ लेकिन इतना कह सकता हूँ - जिस दिन मनुष्य कुछ समय के लिए संसार से नहीं... स्वयं से मिलना सीख जाएगा... उसी दिन उसकी भीतर की यात्रा आरम्भ हो जाएगी और शायद... वही यात्रा... उसे उस सत्य के निकट ले जाएगी... जिसे शब्द कभी पूरी तरह व्यक्त नहीं कर सकते।

12

मृत्यु

इस संसार में यदि कोई एक सत्य है, जिससे कोई भी मनुष्य बच नहीं सकता... तो वह है - मृत्यु। राजा हो या भिखारी। विद्वान हो या अज्ञानी। बालक हो या वृद्ध। एक दिन सबको इस संसार से जाना है। फिर भी आश्चर्य की बात यह है कि मनुष्य सबसे कम जिस विषय पर बात करना चाहता है... वह मृत्यु ही है।

हम जन्म का उत्सव मनाते हैं। विवाह का उत्सव मनाते हैं। सफलता का उत्सव मनाते हैं। लेकिन मृत्यु का नाम आते ही मौन छा जाता है। ऐसा क्यों?

क्या हमें मृत्यु से भय है? या हमें उस अज्ञात से भय है... जो मृत्यु के बाद हो सकता है?

मैंने भी मृत्यु को केवल एक दुखद घटना माना। किसी का चला जाना। रोना। शोक और फिर धीरे-धीरे जीवन का आगे बढ़ जाना। लेकिन जैसे-जैसे समय बीतता गया... यह प्रश्न मेरे भीतर गहराता गया। यदि मृत्यु सब कुछ समाप्त कर देती है... तो फिर जीवन का उद्देश्य क्या है? और यदि मृत्यु अंत नहीं है... तो उसके बाद क्या है?

इन दो प्रश्नों ने मेरे भीतर अभी तक स्थान बनाये रखा है। विज्ञान मृत्यु को शरीर की जैविक प्रक्रियाओं का अंत मानता है। जब हृदय धड़कना बंद कर देता है। जब मस्तिष्क की गतिविधियाँ समाप्त हो जाती हैं। जब शरीर जीवन को बनाए नहीं रख पाता। यह एक तथ्य है... जिसे देखा और मापा जा सकता है। लेकिन विज्ञान

आज भी इस प्रश्न का अंतिम उत्तर नहीं देता - क्या चेतना केवल मस्तिष्क की उपज है... या उससे भी कुछ अधिक?

दूसरी ओर... भारतीय दर्शन कहता है - मृत्यु अंत नहीं है। वह केवल एक द्वार है। एक शरीर का अंत और एक नई यात्रा का आरम्भ। मैंने इन दोनों दृष्टिकोणों को पढ़ा। समझने का प्रयास किया। लेकिन मेरे भीतर का प्रश्न अभी भी जीवित था क्योंकि कुछ प्रश्न पुस्तकें नहीं सुलझातीं... उन्हें जीवन सुलझाता है। जब मैंने अपने प्रिय लोगों को खोया... तब पहली बार मृत्यु मेरे लिए दर्शन नहीं रही। वह एक अनुभव बन गई। एक ऐसा अनुभव... जिसने मुझे भीतर तक हिला दिया।

मैंने श्मशान में लोगों को रोते देखा। कुछ समय बाद... उन्हीं लोगों को फिर हँसते भी देखा। तब मुझे लगा... शायद जीवन और मृत्यु शत्रु नहीं हैं। वे एक ही चक्र के दो भाग हैं। जन्म हुआ... तो मृत्यु निश्चित है और यदि भारतीय दर्शन सत्य है... तो मृत्यु के बाद नया जन्म भी। तब प्रश्न बदल गया। मृत्यु का नहीं... जीवन का। यदि एक दिन सब कुछ छोड़कर जाना ही है... तो मैं किस बात का इतना अहंकार कर रहा हूँ?

धन? वह यहीं रह जाएगा।

शरीर? वह भी यहीं रह जाएगा।

नाम? समय के साथ वह भी धुंधला पड़ जाएगा।

तो फिर... ऐसी कौन-सी वस्तु है... जो मृत्यु भी नहीं छीन सकती?

यही प्रश्न मुझे आत्मा की ओर ले गया। मैंने कई लोगों को कहते सुना - "मृत्यु से मत डरो।" लेकिन यह कहना आसान है। जिसने अपने किसी प्रिय को खोया हो... वह जानता है कि मृत्यु केवल शरीर का अंत नहीं लगती। वह स्मृतियों की परीक्षा भी होती है। विरह की अग्नि में जल रहे मनुष्य के लिए... कभी-कभी मृत्यु का विचार डर नहीं... बल्कि एक रहस्य बन जाता है।

क्या जो चला गया... वह कहीं है?

क्या वह मुझे देख रहा है?

क्या उससे फिर कभी मिलना संभव होगा?

या यह केवल मन की इच्छा है?

मैं इन प्रश्नों का उत्तर नहीं जानता और जहाँ मैं नहीं जानता... वहाँ मैं "जानता हूँ" कहने का साहस भी नहीं करता। लेकिन मैं इतना अवश्य जानता हूँ... कि मृत्यु का विचार... मनुष्य को बदल देता है। जो मनुष्य मृत्यु को याद रखता है... वह छोटी-छोटी बातों पर कम क्रोधित होता है। वह समय का मूल्य समझता है। वह संबंधों को हल्के में नहीं लेता। उसे यह याद रहता है... कि यह जीवन स्थायी नहीं है। शायद इसलिए अनेक ऋषियों ने कहा - मृत्यु का स्मरण करो। निराश होने के लिए नहीं... बल्कि सचमुच जीने के लिए। क्योंकि जिसे अपनी मृत्यु याद है... वह हर दिन को अधिक जागरूक होकर जीता है।

मैंने अपने जीवन में कई बार यह भी अनुभव किया... कि मनुष्य मृत्यु से कम... अधूरे जीवन से अधिक डरता है। उसे यह भय रहता है कि कहीं वह वह सब कहे बिना न चला जाए... जो उसके हृदय में था। कहीं वह प्रेम व्यक्त किए बिना न चला जाए। कहीं वह सत्य जाने बिना न चला जाए। शायद मृत्यु का सबसे बड़ा उपहार यही है... कि वह हमें याद दिलाती है - समय सीमित है।

जो प्रेम करना है... आज करो।

जो क्षमा माँगनी है... आज माँगो।

जो सत्य खोजना है... आज से शुरू करो।

क्योंकि कोई नहीं जानता... अगला सूर्योदय किसके लिए होगा... और किसके लिए नहीं। मैं आज भी मृत्यु को पूरी तरह नहीं समझ पाया हूँ। लेकिन अब मैं उससे पहले जैसा भयभीत भी नहीं हूँ, क्योंकि मैंने समझ लिया है... कि मृत्यु पर विचार करना... जीवन से भागना नहीं है। बल्कि जीवन को उसकी सम्पूर्ण गहराई से देखना है और शायद... मृत्यु अंत नहीं...एक ऐसा प्रश्न है... जिसका उत्तर प्रत्येक मनुष्य को स्वयं देना होगा। जब उसका अपना समय आएगा।

13

जब स्वप्न बोलने लगे

मनुष्य के जीवन में कुछ घटनाएँ ऐसी होती हैं... जिन्हें वह शब्दों में पूरी तरह व्यक्त नहीं कर पाता। वे न पूरी तरह जागृति की होती हैं... न पूरी तरह निद्रा की। वे दोनों के बीच कहीं घटती हैं।

मेरे जीवन में भी एक समय ऐसा आया... जब स्वप्न केवल स्वप्न नहीं रह गए। वे मेरे लिए प्रश्नों का स्थान बन गए। यह वह समय था... जब मेरा मन प्रेम, विरह, जीवन और मृत्यु के प्रश्नों में उलझा हुआ था। दिनभर मैं सामान्य दिखाई देता था। लेकिन रात होते ही... मानो मेरे भीतर एक दूसरा संसार जाग उठता था। उन रातों में मुझे कुछ ऐसे स्वप्न आने लगे... जिन्हें मैं आज भी साधारण स्वप्न नहीं कह पाता। उन स्वप्नों में मुझे ऐसा अनुभव होता था... मानो कोई अत्यंत शांत, करुणामय और विशाल उपस्थिति मुझे देख रही हो।

धीरे-धीरे मेरे भीतर यह भावना बनने लगी... कि यह उपस्थिति भगवान शिव की है। मैं यह नहीं कह सकता कि यह वस्तुनिष्ठ सत्य था। मैं केवल इतना कह सकता हूँ... कि उस समय मेरा अनुभव ऐसा ही था और वही अनुभव मेरी यात्रा का हिस्सा बन गया। उन स्वप्नों में मुझे भविष्य की घटनाएँ नहीं बताई जाती थीं। मुझे धन या प्रसिद्धि का वचन नहीं दिया जाता था। मुझे केवल प्रश्नों के बीच धैर्य रखने की प्रेरणा मिलती थी।

जब मैं भीतर से टूट जाता... मुझे ऐसा अनुभव होता मानो एक ही बात बार-बार कही जा रही हो - "समय आने दो।" पहले मुझे यह वाक्य समझ नहीं आता था। मैं

अधीर हो जाता। मैं चाहता था कि मेरे सभी प्रश्नों के उत्तर उसी क्षण मिल जाएँ। मैं चाहता था कि मेरा दुःख उसी क्षण समाप्त हो जाए। लेकिन वे स्वप्न मुझे प्रतीक्षा सिखाते रहे।

कई बार मैं जागने के बाद स्वयं से पूछता - क्या यह वास्तव में शिवजी का मार्गदर्शन था? या मेरा अपना मन... जो संकट के समय आशा का रूप बना रहा था?

आज भी मेरे पास इसका अंतिम उत्तर नहीं है। लेकिन एक बात मैं निश्चित रूप से जानता हूँ। उन स्वप्नों ने मुझे निराशा से बाहर निकलने की शक्ति दी। उन्होंने मुझे क्रोध की जगह धैर्य की ओर मोड़ा। उन्होंने मुझे घृणा नहीं... प्रेम और करुणा की ओर लौटाया और मैं मानता हूँ... जो अनुभव मनुष्य को अधिक सत्य, अधिक करुणामय और अधिक विनम्र बनाए... उसे गंभीरता से सुनना चाहिए। भले ही उसका स्रोत हम पूरी तरह न समझ पाएँ।

मैंने कभी अपने स्वप्नों को दूसरों पर थोपने का प्रयास नहीं किया। मैंने कभी यह नहीं कहा कि जो मैंने अनुभव किया... वही सबका अनुभव होगा। प्रत्येक मनुष्य की यात्रा अलग होती है। प्रत्येक का मौन अलग होता है और शायद... ईश्वर से संवाद करने का प्रत्येक का तरीका भी अलग होता है। मेरे लिए वे स्वप्न... एक चमत्कार नहीं थे। वे एक सहारा थे। जब संसार में कोई उत्तर नहीं मिलता था... तब वे मुझे टूटने से बचाते थे। उन्होंने मेरे भीतर एक विश्वास जगाया... कि चाहे मैं समझूँ या न समझूँ... जीवन में कुछ घटनाएँ समय के साथ ही खुलती हैं। इसीलिए मैंने जल्दबाज़ी में निष्कर्ष निकालना छोड़ दिया। मैंने प्रतीक्षा करना सीखा और शायद... विश्वास का अर्थ भी यही है। सब कुछ जान लेना नहीं... बल्कि सब कुछ न जानते हुए भी... सत्य की खोज में बने रहना।

आज जब मैं पीछे मुड़कर उन स्वप्नों को देखता हूँ... तो मैं उन्हें प्रमाण के रूप में नहीं देखता। मैं उन्हें अपनी आध्यात्मिक यात्रा के पड़ाव के रूप में देखता हूँ। उन्होंने मुझे यह नहीं सिखाया कि मेरे पास सभी उत्तर हैं। उन्होंने मुझे यह सिखाया... कि प्रश्नों के साथ भी जिया जा सकता है और कभी-कभी... सबसे गहरा मार्गदर्शन... शब्दों से नहीं... एक मौन उपस्थिति से मिलता है।

14

क्या मनुष्य केवल शरीर है?

यदि किसी दिन दर्पण के सामने खड़े होकर तुम स्वयं से पूछो - "मैं कौन हूँ?" तो सबसे पहले तुम्हारी नज़र तुम्हारे शरीर पर जाएगी।

यही चेहरा। यही आँखें। यही हाथ। यही पहचान। हमें यही सिखाया गया है कि यही "मैं" हूँ। लेकिन क्या सचमुच ऐसा है?

यदि किसी मनुष्य का एक हाथ कट जाए... तो क्या उसका "मैं" भी छोटा हो जाता है?

यदि उसकी आँखें चली जाएँ... तो क्या उसका अस्तित्व समाप्त हो जाता है?

यदि उसका चेहरा बदल जाए... तो क्या वह दूसरा व्यक्ति बन जाता है?

उत्तर है - नहीं।

फिर "मैं" कौन हूँ? शरीर बदल सकता है। विचार बदल सकते हैं। आदतें बदल सकती हैं। यहाँ तक कि हमारा स्वभाव भी समय के साथ बदल सकता है। लेकिन इन सब परिवर्तनों के बीच... कुछ ऐसा है... जो बचपन से आज तक स्वयं को "मैं" कहता आया है। वह क्या है?

मैंने इस प्रश्न को केवल पढ़ा नहीं... जीने की कोशिश की। जब जीवन में प्रेम आया... तब भी "मैं" था। जब प्रेम बिछड़ गया... तब भी "मैं" था। जब हँसा... तब भी। जब रोया... तब भी। भावनाएँ बदलती रहीं... लेकिन उन्हें अनुभव करने वाला कौन था?

भारतीय दर्शन उसे आत्मा कहता है। कुछ लोग उसे चेतना कहते हैं। कुछ उसे साक्षी कहते हैं और कुछ कहते हैं - यह सब केवल मस्तिष्क का भ्रम है। मैंने इन सभी विचारों को पढ़ा। सुना। समझने की कोशिश की। लेकिन मेरे भीतर एक प्रश्न अब भी जीवित था - यदि मनुष्य केवल शरीर है... तो प्रेम शरीर के जाने के बाद भी स्मृतियों में क्यों जीवित रहता है? यदि मनुष्य केवल मस्तिष्क है... तो कभी-कभी एक विचार पूरी ज़िंदगी क्यों बदल देता है? और यदि मनुष्य केवल रसायनों का खेल है... तो सत्य, करुणा, त्याग और बलिदान जैसे गुण कहाँ से आते हैं?

मैं इन प्रश्नों का अंतिम उत्तर नहीं दे सकता। लेकिन मैं इन्हें अनदेखा भी नहीं कर सकता। मेरे अपने जीवन में कुछ ऐसे अनुभव हुए... जिन्होंने मुझे यह सोचने पर मजबूर किया... कि शायद मनुष्य की कहानी... उसके शरीर से बड़ी है। मैंने कभी यह दावा नहीं किया... कि मैंने आत्मा को देख लिया है। न ही मैं यह कह सकता हूँ... कि मेरे पास हर प्रश्न का उत्तर है। लेकिन मैंने इतना अवश्य अनुभव किया... कि मनुष्य के भीतर एक ऐसी गहराई है... जिसे केवल शरीर से नहीं समझा जा सकता।

जब मैं ध्यान में बैठता... तो विचार आते। फिर चले जाते।

भावनाएँ आतीं... फिर बदल जातीं।

शरीर स्थिर रहता... फिर थक जाता।

लेकिन एक मौन... इन सबके बीच बना रहता। वही मौन मुझे बार-बार अपनी ओर बुलाता था। मैं सोचता - यदि मैं अपने विचारों को देख सकता हूँ... तो मैं विचार नहीं हूँ।

यदि मैं अपनी भावनाओं को देख सकता हूँ... तो मैं भावनाएँ भी नहीं हूँ।

यदि मैं शरीर के बदलने को देख सकता हूँ... तो क्या मैं केवल शरीर भी हूँ?

यहीं से मेरी खोज और गहरी हो गई। लेकिन खोज का अर्थ यह नहीं कि हर उत्तर मिल गया। खोज का अर्थ है - सही प्रश्न पूछते रहना। आज विज्ञान चेतना को समझने का प्रयास कर रहा है। ऋषियों ने हजारों वर्ष पहले ध्यान के माध्यम से उसी चेतना को समझने का प्रयास किया। दोनों की भाषा अलग है। दोनों की विधि अलग है। लेकिन दोनों के सामने एक रहस्य खड़ा है - "अनुभव करने वाला कौन है?"

शायद आने वाले समय में विज्ञान और अध्यात्म... एक-दूसरे के विरोधी नहीं... बल्कि साथी सिद्ध हों। शायद नहीं भी हों। मैं नहीं जानता। लेकिन मैं इतना जानता हूँ... कि मनुष्य को किसी निष्कर्ष पर पहुँचने से पहले... विनम्र होना चाहिए, क्योंकि जो रहस्य ब्रह्मांड में है... उतना ही रहस्य मनुष्य के भीतर भी है।

मैं इस अध्याय का अंत किसी उत्तर से नहीं... एक निमंत्रण से करना चाहता हूँ। आज रात... जब तुम अकेले बैठो... कुछ क्षण अपने शरीर को देखो। अपनी साँसों को महसूस करो। अपने विचारों को आते-जाते देखो और फिर स्वयं से केवल एक प्रश्न पूछो - "जो यह सब देख रहा है... वह कौन है?"

यदि इस प्रश्न का उत्तर तुरंत न मिले... तो निराश मत होना। क्योंकि कुछ प्रश्नों का उत्तर शब्दों में नहीं... पूरे जीवन की यात्रा में मिलता है और शायद... मनुष्य का सबसे बड़ा रहस्य... उसी उत्तर में छिपा है।

15

आत्मा की यात्रा

यह शरीर पाँच तत्वों से बना है। पृथ्वी। जल। अग्नि। वायु। आकाश। भारतीय दर्शन इन्हें पंचमहाभूत कहता है। हमारा शरीर इन्हीं से बना है... और मृत्यु के बाद इन्हीं में विलीन हो जाता है। लेकिन एक प्रश्न मेरे भीतर बार-बार उठता था - यदि शरीर इन पाँच तत्वों से बना है... तो क्या चेतना भी किसी प्रकार इन तत्वों से जुड़ी हुई है?

यही प्रश्न धीरे-धीरे मेरी साधना का हिस्सा बन गया। फिर एक समय ऐसा आया... जब स्वप्नों और ध्यान के दौरान मेरे भीतर एक अनोखा अनुभव जन्म लेने लगा। मुझे ऐसा अनुभव होने लगा कि जीवन केवल पृथ्वी तक सीमित नहीं है। मेरे भीतर यह विचार बार-बार उठता था कि चेतना अनेक प्रकार के वातावरण में भी अस्तित्व रख सकती है। जल में, अग्नि में, वायु में, आकाश में और पृथ्वी पर।

मैं स्पष्ट कहना चाहता हूँ - यह कोई वैज्ञानिक निष्कर्ष नहीं है। न ही मैं यह कहता हूँ कि यह किसी शास्त्र का प्रत्यक्ष कथन है। यह मेरी अपनी आध्यात्मिक अनुभूति और चिंतन का भाग है। संभव है मैं गलत हूँ। संभव है मैं किसी गहरे सत्य की केवल एक झलक देख रहा हूँ। निर्णय मैं पाठक पर छोड़ता हूँ।

जब मैं जल के बारे में सोचता हूँ... तो मुझे केवल समुद्र दिखाई नहीं देता। मुझे जीवन दिखाई देता है। पृथ्वी पर भी जीवन का आरम्भ जल से जुड़ा माना जाता है। तो क्या जल केवल पदार्थ है... या चेतना के प्रकट होने का एक माध्यम भी?

फिर अग्नि का विचार आया। अग्नि केवल विनाश नहीं करती। वह रूपांतरण भी करती है। भोजन को ऊर्जा बनाती है। धातु को शुद्ध करती है और भारतीय परंपरा में अग्नि को साक्षी भी माना गया है। क्या अग्नि में भी जीवन की कोई ऐसी संभावना है... जिसे हम अभी समझ नहीं पाए?

फिर मेरा ध्यान वायु की ओर गया। हम उसे देख नहीं सकते। लेकिन उसके बिना एक क्षण भी जीवित नहीं रह सकते। क्या केवल ऑक्सीजन ही जीवन है... या वायु किसी और गहरे रहस्य का भी प्रतीक है?

आकाश... सबसे रहस्यमय लगा। वह सबको स्थान देता है... लेकिन स्वयं किसी सीमा में नहीं बँधता। क्या चेतना भी आकाश की तरह है? सबमें उपस्थित... लेकिन किसी एक रूप तक सीमित नहीं?

और अंत में पृथ्वी। जहाँ हम खड़े हैं। जहाँ हमारा जन्म हुआ। जहाँ हमने प्रेम किया। जहाँ हमने विरह सहा। जहाँ हमने प्रश्न पूछे। शायद पृथ्वी केवल निवास नहीं... एक विद्यालय है। जहाँ आत्मा सीखती है। परिपक्व होती है और आगे बढ़ती है।

मैं फिर दोहराता हूँ - यह मेरे चिंतन की दिशा है। मैं इसे अंतिम सत्य नहीं कहता। शास्त्रों में पंचमहाभूत का वर्णन अवश्य मिलता है। योग और आयुर्वेद भी इन्हीं तत्वों के संतुलन की बात करते हैं। लेकिन आत्मा इन पाँच प्रकार के जीवनों से क्रमशः गुजरती है - ऐसा कथन मुझे किसी प्रमुख ग्रंथ में स्पष्ट रूप से नहीं मिला, इसलिए मैं उसे शास्त्र का वचन नहीं... अपनी खोज का प्रश्न मानता हूँ और शायद... यही खोज मुझे आगे ले गई।

यदि ब्रह्मांड इतना विशाल है... यदि समुद्र की गहराइयाँ आज भी रहस्य हैं... यदि चेतना स्वयं एक रहस्य है... तो क्या यह संभव है कि जीवन के ऐसे रूप भी हों... जिन्हें हमारी वर्तमान समझ अभी पहचान नहीं पाई?

मैं नहीं जानता। लेकिन मैं इतना अवश्य जानता हूँ... कि मनुष्य को प्रश्न पूछने से डरना नहीं चाहिए और उतना ही आवश्यक है... उत्तर मिलने से पहले उन्हें सत्य घोषित भी नहीं करना चाहिए। मेरी यात्रा अभी समाप्त नहीं हुई थी। अब मेरे

सामने एक और प्रश्न खड़ा था। क्या ब्रह्मांड में केवल वही है... जिसे हमारी आँखें देख सकती हैं? या फिर... दृश्य संसार के पीछे... एक अदृश्य संसार भी है... जिसकी झलक कभी-कभी केवल मौन, ध्यान और स्वप्नों में मिलती है? यहीं से... मेरी खोज एक नए अध्याय में प्रवेश करती है।

16

युगों का रहस्य

यदि समय केवल घड़ी की सुइयों का नाम होता... तो इतिहास केवल तारीख़ों का संग्रह होता। लेकिन भारतीय परंपरा समय को केवल वर्षों में नहीं मापती। वह युगों की बात करती है। सतयुग, त्रेतायुग, द्‌वापर, कलियुग।

जब मैंने इन युगों के बारे में सुना... तो मुझे लगा यह केवल पुरानी कथाएँ हैं। लेकिन जैसे-जैसे जीवन के प्रश्न गहरे होते गए... वैसे-वैसे मैंने युगों को एक नए दृष्टिकोण से देखना शुरू किया। क्या युग केवल समय के खंड हैं? या वे मनुष्य की चेतना के स्तर का भी प्रतीक हैं?

शास्त्रों में युगों का वर्णन अलग-अलग प्रकार से मिलता है। पुराणों के अनुसार सतयुग में धर्म अपने पूर्ण स्वरूप में था। त्रेता में उसका एक भाग कम हुआ। द्‌वापर में और कमी आई और कलियुग में धर्म का केवल एक अंश शेष रह गया। यह शास्त्रीय दृष्टि है। लेकिन मेरे भीतर एक और प्रश्न जन्मा। यदि धर्म घटता गया... तो क्या केवल नैतिकता घटी? या मनुष्य की चेतना में भी परिवर्तन आया?

यहाँ से मेरे अपने विचार आरम्भ होते हैं। मैं यह दावा नहीं करता कि यह अंतिम सत्य है। यह केवल मेरी खोज है। मुझे ऐसा अनुभव होने लगा कि मनुष्य ने बाहर की दुनिया में बहुत प्रगति की है... लेकिन भीतर की यात्रा में वह पहले जितना जागरूक नहीं रहा। आज हमारे पास ऐसी तकनीक है... जिसकी कल्पना प्राचीन मनुष्य शायद न कर पाता।

लेकिन क्या हम पहले से अधिक शांत हैं?

क्या हम पहले से अधिक करुणामय हैं?

क्या हम पहले से अधिक सत्यवादी हैं?

यदि उत्तर "नहीं" है... तो हमें स्वयं से पूछना चाहिए - क्या हमने केवल साधन विकसित किए हैं... या स्वयं को भी?

कई लोग कहते हैं कि आधुनिक मनुष्य सबसे बुद्धिमान है। मैं इस कथन को पूरी तरह स्वीकार भी नहीं कर पाता... और पूरी तरह अस्वीकार भी नहीं कर पाता। क्योंकि बुद्धि के भी अनेक रूप हैं। एक बुद्धि मशीन बना सकती है। दूसरी बुद्धि स्वयं को समझ सकती है। यदि पहली बढ़े... और दूसरी घट जाए... तो क्या उसे पूर्ण विकास कहा जा सकता है? यही वह स्थान है... जहाँ मेरा चिंतन शास्त्रों से संवाद करने लगता है।

क्या सतयुग का अर्थ केवल एक बीता हुआ काल था? या वह मनुष्य की एक ऐसी अवस्था थी... जिसमें उसका मन अधिक निर्मल था?

क्या कलियुग केवल समय है... या वह हमारे भीतर की अशांति का भी प्रतीक है?

मैं निश्चित उत्तर नहीं देता। मैं केवल प्रश्न रखता हूँ। क्योंकि प्रश्न ही खोज की शुरुआत हैं। मेरे स्वप्नों और ध्यान के अनुभवों ने मुझे कभी-कभी यह अनुभव कराया... कि मनुष्य की चेतना की संभावनाएँ... उसकी वर्तमान समझ से कहीं अधिक विशाल हैं। क्या प्राचीन मनुष्य उन संभावनाओं के अधिक निकट था? मैं नहीं जानता। इतिहास के पास इसका स्पष्ट प्रमाण नहीं है। इसलिए मैं इसे तथ्य नहीं...अपना चिंतन मानता हूँ। लेकिन एक बात स्पष्ट दिखाई देती है।

आज मनुष्य पहले से अधिक जुड़ा हुआ है... फिर भी पहले से अधिक अकेला है।

उसके पास पहले से अधिक जानकारी है... फिर भी पहले से अधिक भ्रम है।

उसके पास पहले से अधिक साधन हैं... फिर भी पहले से अधिक बेचैनी है।

यदि यही प्रगति है... तो शायद हमें "प्रगति" की परिभाषा पर फिर से विचार करना होगा। मेरी दृष्टि में... युग केवल बाहर नहीं बदलते। युग मनुष्य के भीतर भी बदलते हैं। जब मन सत्य में स्थित होता है... उसका अपना सतयुग होता है।

जब अहंकार बढ़ता है... उसके भीतर कलियुग जन्म लेता है।

जब करुणा लौटती है... तो उसके भीतर फिर से एक नया प्रभात होता है।

शायद यही कारण है कि हर युग में कुछ ऐसे लोग हुए... जिन्होंने अपने समय से ऊपर उठकर सत्य की खोज की। उन्होंने यह सिद्ध किया... कि बाहरी युग चाहे जो हो... भीतर का युग मनुष्य स्वयं चुन सकता है। इसलिए अब मैं युगों को केवल इतिहास नहीं मानता। मैं उन्हें एक दर्पण मानता हूँ। जिसमें हम अपने समय को भी देख सकते हैं... और स्वयं को भी। यदि इस अध्याय को पढ़ने के बाद तुम केवल इतना पूछो - "मेरे भीतर कौन-सा युग चल रहा है?" तो समझना... यह अध्याय अपना उद्देश्य पा गया। क्योंकि शायद... संसार का सबसे बड़ा परिवर्तन... किसी कैलेंडर में नहीं... मनुष्य की चेतना में होता है।

17

क्या प्राचीन मनुष्य अधिक समर्थ था?

जब भी हम इतिहास की ओर देखते हैं... हमारे सामने दो चित्र उभरते हैं। पहला चित्र कहता है - मनुष्य लगातार आगे बढ़ रहा है। पत्थर के औज़ारों से लेकर कृत्रिम बुद्धिमत्ता तक... बैलगाड़ी से लेकर अंतरिक्ष यान तक... यह प्रगति की कहानी है।

दूसरा चित्र... भारतीय परंपरा के अनेक ग्रंथों में दिखाई देता है। वहाँ ऋषियों की दीर्घ तपस्या है। गहन ध्यान है। असाधारण स्मरण-शक्ति है। प्रकृति के साथ गहरा सामंजस्य है और ऐसी चेतना की बातें हैं... जो आज भी रहस्य जैसी लगती हैं। तो प्रश्न उठता है - क्या प्राचीन मनुष्य वास्तव में हमसे अधिक समर्थ था? इस प्रश्न का उत्तर उतना सरल नहीं है... जितना पहली नज़र में दिखाई देता है।

यदि हम तकनीक की बात करें... तो निस्संदेह आधुनिक मनुष्य ने अद्भुत प्रगति की है। आज हम दूरस्थ ग्रहों की तस्वीरें देख सकते हैं। समुद्र की गहराइयों का अध्ययन कर सकते हैं। रोगों का उपचार कर सकते हैं। ज्ञान को कुछ ही क्षणों में पूरी दुनिया तक पहुँचा सकते हैं। इन उपलब्धियों को नकारना उचित नहीं होगा। लेकिन यदि प्रश्न केवल तकनीक का नहीं... चेतना का हो... तो चर्चा बदल जाती है।

भारतीय ग्रंथों में ऐसे अनेक प्रसंग मिलते हैं... जहाँ ऋषि वर्षों तक ध्यान करते हैं। अपने मन को स्थिर रखते हैं। इंद्रियों पर संयम रखते हैं और सत्य की खोज

को जीवन का उद्देश्य बना लेते हैं। इन वर्णनों को कोई इतिहास माने... कोई प्रतीक... या आध्यात्मिक साहित्य... यह प्रत्येक पाठक का अपना निर्णय है। मैंने इन कथाओं को पढ़ते समय एक बात पर विशेष ध्यान दिया। उनकी सबसे बड़ी शक्ति चमत्कार नहीं थी। उनकी सबसे बड़ी शक्ति... मन पर अधिकार थी।

आज मनुष्य मशीनों को नियंत्रित करता है। लेकिन क्या वह अपने क्रोध को नियंत्रित कर पाता है? क्या वह अपनी इच्छाओं को समझ पाता है? क्या वह अपने भय को पहचान पाता है?

यदि नहीं... तो क्या केवल बाहरी शक्ति पर्याप्त है? यहीं से मेरा चिंतन आरम्भ हुआ। मुझे कभी-कभी ऐसा अनुभव हुआ... कि आधुनिक मनुष्य ने बाहरी संसार को जीतने की अद्भुत क्षमता विकसित की है... लेकिन भीतर की यात्रा अधूरी छोड़ दी है। यह मेरा व्यक्तिगत विचार है। मैं इसे इतिहास का सिद्ध तथ्य नहीं कहता। क्योंकि हमारे पास ऐसा प्रमाण नहीं है... जो यह निश्चित रूप से बता सके कि प्राचीन मनुष्य की चेतना आज के मनुष्य से अधिक विकसित थी। लेकिन प्रश्न पूछना उचित है।

क्या अधिक जानकारी... हमेशा अधिक ज्ञान भी होती है?

क्या अधिक गति... हमेशा सही दिशा भी होती है?

क्या अधिक सुविधा... हमेशा अधिक शांति भी लाती है?

मेरे लिए इन प्रश्नों का उत्तर स्पष्ट नहीं है। लेकिन इतना अवश्य है... कि प्राचीन परंपराएँ मनुष्य को पहले स्वयं को जीतने की शिक्षा देती थीं। आज का समय... अक्सर पहले संसार को जीतने की बात करता है। शायद दोनों की आवश्यकता है। बाहरी प्रगति भी। भीतरी प्रगति भी। यदि इनमें संतुलन न हो... तो सभ्यता शक्तिशाली तो बन सकती है... लेकिन शांत नहीं। मैंने अपने जीवन में यह भी अनुभव किया... कि कुछ सबसे गहरे उत्तर... पुस्तकों से नहीं मिले। वे मौन से मिले, प्रतीक्षा से मिले, विरह से मिले और उन स्वप्नों से मिले... जिन्होंने मुझे स्वयं से प्रश्न पूछना सिखाया।

शायद यही कारण है... कि मैं प्राचीन मनुष्य की सबसे बड़ी शक्ति... उसकी बाहुबल

में नहीं... उसकी अंतर्दृष्टि में खोजता हूँ। हो सकता है मैं गलत हूँ। हो सकता है भविष्य में नए प्रमाण मिलें... जो हमारी वर्तमान समझ बदल दें। ज्ञान की यही सुंदरता है। वह प्रश्नों से डरता नहीं। उन्हें स्वीकार करता है। इसलिए मैं इस अध्याय का निष्कर्ष नहीं लिखता। मैं केवल इतना कहता हूँ - यदि आधुनिक मनुष्य अपने विज्ञान को... और प्राचीन मनुष्य की आत्म-अनुशासन, करुणा और आत्मचिंतन की परंपरा को... एक साथ जोड़ सके... तो शायद भविष्य की सबसे महान सभ्यता जन्म ले सकती है। क्योंकि वास्तविक प्रगति... केवल तेज़ चलने में नहीं... सही दिशा में चलने में है और शायद... मनुष्य की सबसे बड़ी शक्ति... न उसकी मशीनों में है... न उसके हथियारों में... बल्कि उस चेतना में है.. जो स्वयं को पहचानने का साहस रखती है।

18

समुद्र

जब भी मैं समुद्र के किनारे खड़ा होता हूँ... मुझे केवल पानी नहीं दिखाई देता। मुझे एक प्रश्न दिखाई देता है। एक ऐसा प्रश्न... जो हजारों वर्षों से मनुष्य के सामने खड़ा है। समुद्र अपने भीतर क्या छिपाए बैठा है?

हमारी पृथ्वी का अधिकांश भाग जल से ढका हुआ है। फिर भी... मनुष्य ने समुद्र को उतना नहीं जाना... जितना उसने आकाश को जानने का प्रयास किया है। हमने चाँद पर कदम रख दिए। दूरस्थ ग्रहों की तस्वीरें ले लीं। लेकिन समुद्र की गहराइयाँ... आज भी अनेक रहस्यों से भरी हुई हैं। विज्ञान हमें बताता है कि समुद्र की गहराइयों में ऐसे जीव रहते हैं... जिनके बारे में कुछ दशक पहले तक किसी को पता भी नहीं था। पूर्ण अंधकार में रहने वाले जीव। अत्यधिक दबाव में जीवित रहने वाले जीव। ज्वालामुखीय स्रोतों के पास पनपने वाले जीव।

प्रकृति बार-बार हमें यह सिखाती है... कि जीवन हमारी कल्पना से कहीं अधिक विविध हो सकता है। यहीं से मेरे भीतर एक और प्रश्न जन्मा। यदि समुद्र इतना विशाल है... यदि उसकी गहराइयों का बड़ा भाग अभी भी पूरी तरह समझा नहीं गया... तो क्या यह संभव है कि वहाँ ऐसे रहस्य हों... जिन्हें हमने अभी तक खोजा ही न हो? यह प्रश्न उचित है। लेकिन प्रश्न और निष्कर्ष में अंतर होता है। कई बार मैंने अपने स्वप्नों में... और अपने चिंतन में... समुद्र को केवल जलराशि के रूप में नहीं देखा। मुझे ऐसा अनुभव होता था... मानो समुद्र किसी गहरे रहस्य का प्रतीक हो। ऐसा प्रतीक... जो हमें विनम्र बनाता है। क्योंकि जितना अधिक हम जानते हैं... उतना ही यह स्पष्ट होता जाता है... कि अभी कितना कुछ अज्ञात है।

एक समय मेरे मन में यह विचार भी आया... क्या समुद्र की गहराइयों में कोई ऐसी सभ्यता हो सकती है... जो हमारी जानकारी से परे हो?

क्या ऐसे जीव हो सकते हैं... जिनकी बुद्धि और जीवन-पद्धति हमारी कल्पना से अलग हो? यह विचार मेरे चिंतन का हिस्सा बना। लेकिन मैंने स्वयं को हमेशा याद दिलाया - मेरे पास इसका कोई प्रत्यक्ष प्रमाण नहीं है। इसलिए मैं इसे सत्य घोषित नहीं कर सकता। यह एक संभावना है। एक कल्पना है। एक दार्शनिक प्रश्न है और शायद... एक लेखक के मन की जिज्ञासा भी। इतिहास बताता है कि मनुष्य ने कई बार "असंभव" समझी जाने वाली चीज़ों की खोज की है। गहरे समुद्र में नए जीव मिले। डूबे हुए नगरों के अवशेष मिले। नई प्रजातियाँ मिलीं। इसलिए यह कहना भी उचित नहीं होगा... कि हमने सब कुछ जान लिया है। लेकिन यह कहना भी उचित नहीं होगा... कि जो कुछ हम कल्पना करें... वह अवश्य ही सत्य होगा।

यहीं विवेक की आवश्यकता है। मेरे लिए समुद्र का सबसे बड़ा रहस्य... उसकी गहराई नहीं... उसकी विनम्रता है। वह अपने भीतर अनगिनत जीवनों को समेटे हुए है... फिर भी मौन है। वह किसी से अपनी विशालता का दावा नहीं करता। वह केवल लहरों के माध्यम से इतना कहता है - "जो दिखाई देता है, वही सम्पूर्ण सत्य नहीं होता।" शायद मनुष्य भी समुद्र की तरह है। उसका चेहरा केवल सतह है। उसके भीतर भी स्मृतियों का अथाह जल है। प्रेम की लहरें हैं। विरह की आँधियाँ हैं। डर की गहराइयाँ हैं और आशा की रोशनी भी। इसलिए जब मैं समुद्र को देखता हूँ... तो मुझे केवल पृथ्वी का सबसे बड़ा जलाशय नहीं दिखाई देता। मुझे अपना ही मन दिखाई देता है। एक ऐसा मन... जिसकी गहराई को शायद मैं स्वयं भी पूरी तरह नहीं जानता और तब मुझे लगता है... कि समुद्र का सबसे बड़ा रहस्य... उसकी तलहटी में नहीं... बल्कि उस प्रश्न में छिपा है... जो वह हर जिज्ञासु मनुष्य से पूछता है - "क्या तुम सचमुच खोजने आए हो... या केवल मान लेने?"

शायद यही खोज... मनुष्य को आगे बढ़ाती है। और शायद... यही खोज... उसे एक दिन स्वयं तक भी पहुँचा देती है।

19

समुद्र के नीचे क्या है?

क्या केवल रेत? क्या केवल चट्टानें? या फिर... कुछ ऐसा भी... जिसकी कल्पना हमने अभी तक नहीं की?

विज्ञान ने इस प्रश्न का उत्तर खोजने में बहुत प्रयास किया है। आज हम जानते हैं कि समुद्र के नीचे विशाल पर्वत-श्रृंखलाएँ हैं। गहरी खाइयाँ हैं। सक्रिय ज्वालामुखी हैं। हज़ारों प्रकार के जीव हैं... जिनमें से कई ऐसे हैं जिन्हें मनुष्य ने हाल के दशकों में ही जाना है।

समुद्र की सबसे गहरी ज्ञात जगहों तक मानव-निर्मित यान पहुँच चुके हैं। फिर भी... समुद्र का एक बड़ा भाग आज भी पूरी तरह समझा नहीं गया है। अर्थात्... विज्ञान बहुत कुछ जान चुका है। लेकिन यह भी स्वीकार करता है... कि अभी बहुत कुछ अज्ञात है।

यहीं से मेरे प्रश्न आरम्भ हुए। जब मैं ध्यान करता... या अपने स्वप्नों के बारे में सोचता... तो कभी-कभी मेरे भीतर एक अलग प्रकार की कल्पना जन्म लेती। मुझे ऐसा अनुभव होता था... मानो समुद्र केवल जल का संसार नहीं है। मानो उसकी गहराइयों में... ऐसे रहस्य भी हो सकते हैं... जिन तक हमारी वर्तमान तकनीक या समझ अभी नहीं पहुँची। इन अनुभवों में कभी-कभी मुझे ऐसा भी प्रतीत होता था... कि जल के भीतर किसी प्रकार की छिपी हुई दुनिया की संभावना हो सकती है।

मैं यहाँ स्पष्ट कहना चाहता हूँ - यह मेरा व्यक्तिगत अनुभव और चिंतन है।

मेरे पास इसका कोई प्रत्यक्ष वैज्ञानिक प्रमाण नहीं है। इसी कारण मैं इसे तथ्य नहीं... एक संभावना और अपनी आध्यात्मिक अनुभूति के रूप में प्रस्तुत करता हूँ। कई लोगों ने मुझसे पूछा - "क्या तुम्हें विश्वास है कि समुद्र के नीचे कोई उन्नत सभ्यता रहती है?"

मेरा उत्तर हमेशा एक ही रहा - मुझे नहीं पता। मैंने कुछ अनुभव किए हैं... कुछ स्वप्न देखे हैं... जिन्होंने मेरे भीतर ऐसे प्रश्न जगाए। लेकिन प्रश्न... प्रमाण नहीं होते और खोज... निष्कर्ष नहीं होती। यदि भविष्य में कभी विज्ञान ऐसे किसी जीवन का प्रमाण खोज ले... तो मानव इतिहास बदल जाएगा। यदि ऐसा कभी न हो... तो भी प्रश्न पूछना व्यर्थ नहीं होगा। क्योंकि जिज्ञासा ही ज्ञान का पहला कदम है। समुद्र के नीचे केवल अंधकार नहीं है। वहाँ जीवन है, ऊर्जा है, परिवर्तन है और ऐसे पारिस्थितिक तंत्र हैं... जो हमें यह सिखाते हैं कि जीवन हमारी कल्पना से कहीं अधिक अनुकूलनशील है।

यही बात मेरे भीतर एक और प्रश्न जगाती है - यदि पृथ्वी पर जीवन इतने भिन्न-भिन्न रूपों में विकसित हो सकता है... तो क्या ब्रह्मांड में भी जीवन के ऐसे रूप संभव नहीं... जिन्हें हम अभी समझ ही नहीं पाए हैं? इस प्रश्न का उत्तर भविष्य देगा। मैं नहीं। मेरी यात्रा का उद्देश्य उत्तर बाँटना नहीं... प्रश्नों को जीवित रखना है क्योंकि जो मनुष्य प्रश्न पूछना छोड़ देता है... वह सीखना भी छोड़ देता है और जो हर कल्पना को बिना प्रमाण के सत्य मान लेता है... वह भी खोज की राह से भटक सकता है। शायद सही मार्ग... इन दोनों के बीच है। जहाँ जिज्ञासा भी हो... और विवेक भी।

जब मैं समुद्र की ओर देखता हूँ... तो मुझे ऐसा लगता है... कि उसकी सबसे बड़ी गहराई उसके पानी में नहीं... बल्कि उन प्रश्नों में है... जो वह हर खोजी मन से पूछता है। क्या हम अज्ञात को जानने के लिए तैयार हैं? या हम केवल वही स्वीकार करेंगे... जो पहले से हमारी मान्यताओं में फिट बैठता है?

शायद... समुद्र के नीचे छिपा सबसे बड़ा रहस्य... कोई सभ्यता नहीं... बल्कि हमारी अपनी सीमित समझ है और जैसे-जैसे वह समझ विस्तृत होगी... वैसे-वैसे समुद्र भी... और शायद स्वयं मनुष्य भी... अपने नए रहस्य खोलता जाएगा।

20

दूसरी दुनिया

क्या इस ब्रह्मांड में केवल वही संसार है... जिसे हमारी आँखें देख सकती हैं? या फिर... कुछ संसार ऐसे भी हैं... जो हमारी इंद्रियों की पहुँच से बाहर हैं?

यह प्रश्न मेरे भीतर अचानक नहीं आया। यह धीरे-धीरे जन्मा। ध्यान के क्षणों में... मौन के क्षणों में... और उन स्वप्नों के बीच... जिन्होंने मेरी सोच को बदलना शुरू किया।

कुछ स्वप्न ऐसे थे... जिनमें मुझे समुद्र केवल जलराशि नहीं लगता था। मुझे ऐसा अनुभव होता था... मानो उसकी अथाह गहराइयों के परे... एक और संसार है। वह संसार हमारी दुनिया जैसा नहीं था। वहाँ का मौन अलग था। वहाँ की अनुभूति अलग थी और वहाँ उपस्थित जीवन भी... मेरी कल्पना से भिन्न प्रतीत होता था। उन स्वप्नों में मुझे ऐसा महसूस होता था... मानो वहाँ रहने वाले जीव... मनुष्यों से अलग प्रकार की चेतना रखते हों। न वे शत्रु प्रतीत होते थे... न मित्र। वे केवल अपने अस्तित्व में स्थित थे।

जब मैं जागता... तो स्वयं से यही प्रश्न पूछता - क्या यह केवल स्वप्न था? क्या यह मेरे मन की कल्पना थी? या मेरे भीतर के किसी प्रतीक ने... समुद्र के माध्यम से मुझे कुछ समझाने का प्रयास किया?

मैं उत्तर तक नहीं पहुँच पाया और शायद... उसी दिन मैंने तय किया कि जहाँ मुझे निश्चित ज्ञान नहीं है... वहाँ मैं निश्चित दावा भी नहीं करूँगा। फिर भी... उन

अनुभवों ने मुझे एक बात अवश्य सिखाई। मनुष्य को अपनी जानकारी पर गर्व करने से पहले... उसकी सीमाओं को पहचानना चाहिए। हम ब्रह्मांड का एक छोटा-सा भाग जानते हैं। समुद्र का भी केवल एक भाग समझ पाए हैं। चेतना का रहस्य भी अभी पूरी तरह नहीं समझ पाए। ऐसे में... यह कहना कि "अब कुछ नया शेष नहीं"... शायद जल्दबाज़ी होगी। लेकिन यह कहना कि "मेरे स्वप्न ही अंतिम सत्य हैं"...

यह भी उतनी ही बड़ी भूल होगी। इसलिए मैंने अपने अनुभवों को... न प्रमाण बनाया... न प्रचार। मैंने उन्हें अपनी यात्रा की डायरी बना दिया। संभव है... एक दिन विज्ञान समुद्र की गहराइयों के ऐसे रहस्य खोज ले... जिनकी आज हम कल्पना भी नहीं कर सकते और यह भी संभव है... कि मेरे स्वप्न केवल मेरे अवचेतन मन की भाषा रहे हों। दोनों संभावनाओं के लिए मेरे भीतर स्थान है, क्योंकि सत्य... हमारी इच्छाओं से नहीं बदलता। वह जैसा है... वैसा ही रहता है। मुझे यह भी समझ आने लगा... कि शायद "दूसरी दुनिया" किसी स्थान का नाम ही न हो। हो सकता है... वह चेतना की एक अवस्था हो। एक ऐसा दृष्टिकोण... जहाँ मनुष्य स्वयं को और इस सृष्टि को... एक नए प्रकाश में देखना शुरू कर दे। यदि ऐसा है... तो उस दुनिया तक पहुँचने का मार्ग... समुद्र की गहराई से नहीं... अपने भीतर की गहराई से होकर जाता है।

आज भी... जब मैं उन स्वप्नों को याद करता हूँ... तो उन्हें किसी रहस्य का अंतिम उत्तर नहीं मानता। मैं उन्हें एक निमंत्रण मानता हूँ। अज्ञात को जानने का निमंत्रण। विनम्र बने रहने का निमंत्रण और यह स्वीकार करने का निमंत्रण... कि इस सृष्टि में अभी भी बहुत कुछ ऐसा है... जिसे हम न पूरी तरह जानते हैं... और न पूरी तरह समझते हैं।

शायद... दूसरी दुनिया का सबसे बड़ा रहस्य... समुद्र की गहराइयों में नहीं... बल्कि उस मनुष्य के भीतर छिपा है... जो सत्य की खोज में... अपने हर निष्कर्ष पर प्रश्न उठाने का साहस रखता है।

21

क्या हम अकेले हैं?

रात के समय जब मैं आकाश की ओर देखता हूँ... तो मुझे केवल तारे दिखाई नहीं देते। मुझे प्रश्न दिखाई देते हैं। अरबों तारे, अरबों आकाशगंगाएँ और उन सबके बीच... यह छोटी-सी पृथ्वी।

तब मेरे मन में एक ही प्रश्न उठता है - क्या इस पूरे ब्रह्मांड में केवल हम ही हैं?

यह प्रश्न नया नहीं है। हजारों वर्षों से मनुष्य इसे पूछता आया है। पहले उसने देवताओं की कल्पना की। फिर उसने दूसरे लोकों की। आज विज्ञान दूसरे ग्रहों पर जीवन खोज रहा है। नाम बदल गए... लेकिन प्रश्न वही है।

क्या हम अकेले हैं?

विज्ञान ने अब तक अनेक ऐसे ग्रह खोजे हैं... जहाँ जीवन की संभावना हो सकती है। कुछ ग्रहों पर पानी होने के संकेत मिले हैं। कुछ के वातावरण का अध्ययन किया जा रहा है। लेकिन आज तक... पृथ्वी के बाहर बुद्धिमान जीवन का कोई सार्वजनिक, निर्णायक प्रमाण हमारे पास नहीं है। इसका अर्थ यह नहीं कि वहाँ कोई नहीं है और इसका अर्थ यह भी नहीं कि वहाँ कोई अवश्य है। सत्य यह है... कि हम अभी नहीं जानते। यहीं से मेरे भीतर का दूसरा प्रश्न जन्म लेता है।

यदि ब्रह्मांड इतना विशाल है... तो क्या केवल एक ही ग्रह पर जीवन होना पर्याप्त उत्तर है? या हमारी खोज अभी प्रारम्भ ही हुई है?

मेरे स्वप्नों और ध्यान के अनुभवों ने कभी-कभी मुझे यह अनुभव कराया... कि चेतना की सीमाएँ शायद हमारी कल्पना से अधिक व्यापक हैं। कभी मुझे ऐसा लगता था... कि जीवन के ऐसे रूप भी हो सकते हैं... जो हमारी इंद्रियों से प्रत्यक्ष दिखाई नहीं देते। लेकिन मैं यह स्पष्ट करना चाहता हूँ - यह मेरा व्यक्तिगत अनुभव और चिंतन है। मैं इसे प्रमाणित तथ्य नहीं कहता। संभव है... ये अनुभव मेरे मन की प्रतीकात्मक भाषा रहे हों।

संभव है... वे किसी गहरे आध्यात्मिक अर्थ की ओर संकेत करते हों और यह भी संभव है... कि भविष्य का विज्ञान कुछ ऐसे सत्य खोज ले... जिनकी आज हम केवल कल्पना कर सकते हैं। मैंने अपने अनुभवों से एक बात सीखी। अज्ञात के सामने विनम्र होना... ज्ञान की पहली शर्त है। क्योंकि जो मनुष्य यह मान लेता है कि वह सब कुछ जान चुका है... वह सीखना बंद कर देता है और जो बिना प्रमाण हर बात को सत्य मान लेता है... वह भ्रम में भटक सकता है। इसलिए मैंने अपने लिए एक तीसरा मार्ग चुना।

विश्वास और विवेक का मार्ग।

जहाँ प्रश्न पूछने की स्वतंत्रता हो... और उत्तर स्वीकार करने की धैर्यपूर्ण प्रतीक्षा भी। कभी-कभी मैं सोचता हूँ... यदि किसी दिन मनुष्य को पृथ्वी के बाहर बुद्धिमान जीवन मिल जाए... तो क्या बदलेगा?

शायद विज्ञान बदल जाएगा। शायद इतिहास बदल जाएगा। लेकिन एक बात नहीं बदलेगी।

मनुष्य को तब भी स्वयं को समझना होगा। क्योंकि चाहे हम ब्रह्मांड में अकेले हों... या करोड़ों सभ्यताओं में से एक... सबसे बड़ा रहस्य फिर भी हमारा अपना मन ही रहेगा। शायद... सबसे महत्वपूर्ण प्रश्न यह नहीं है - "क्या ब्रह्मांड में कोई और है?" सबसे महत्वपूर्ण प्रश्न यह है - "क्या हम स्वयं को जान पाए हैं?"

यदि हम स्वयं से ही अपरिचित हैं... तो किसी दूसरी सभ्यता से मिलकर भी... क्या हम वास्तव में उसे समझ पाएँगे?

मेरी यात्रा ने मुझे यही सिखाया है... कि बाहर की खोज और भीतर की खोज... दोनों

साथ चलनी चाहिए। एक हमें ब्रह्मांड तक ले जाती है। दूसरी... स्वयं तक। और शायद... जिस दिन ये दोनों यात्राएँ एक-दूसरे से मिलेंगी... उसी दिन मनुष्य पहली बार सचमुच समझ पाएगा... कि वह इस विशाल सृष्टि में अकेला है... या एक बहुत बड़ी कहानी का केवल एक छोटा-सा पात्र।

22

एलियन या कुछ और?

"एलियन।" यह शब्द सुनते ही हमारे मन में एक चित्र उभरता है। बड़ी आँखें, अलग चेहरा, अजीब शरीर, उन्नत तकनीक, उड़न तश्तरियाँ। फ़िल्मों ने हमें यही सिखाया है। लेकिन क्या वास्तव में यदि पृथ्वी के बाहर कोई बुद्धिमान जीवन होगा...

तो वह ऐसा ही होगा?

या यह केवल हमारी कल्पना है?

मैंने भी कभी यही सोचा था। लेकिन जैसे-जैसे मेरी खोज आगे बढ़ी... मेरे प्रश्न बदलने लगे। मैंने स्वयं से पूछा - क्या हम "एलियन" शब्द का उपयोग केवल इसलिए करते हैं... क्योंकि हम किसी अज्ञात जीवन को समझ नहीं पाते? यदि ऐसा है... तो "एलियन" कोई उत्तर नहीं... बल्कि हमारी अज्ञानता का नाम है।

विज्ञान आज भी ब्रह्मांड में जीवन की खोज कर रहा है। रेडियो संकेतों की खोज की जा रही है। दूरस्थ ग्रहों का अध्ययन हो रहा है। जीवन के लिए आवश्यक परिस्थितियों को समझने का प्रयास जारी है। लेकिन आज तक... पृथ्वी के बाहर किसी बुद्धिमान सभ्यता का निर्णायक सार्वजनिक प्रमाण नहीं मिला है। यही वैज्ञानिक स्थिति है। लेकिन मेरी यात्रा यहीं समाप्त नहीं हुई। मेरे स्वप्नों में... और मेरे ध्यान के कुछ अनुभवों में... मुझे कभी-कभी ऐसा अनुभव हुआ... कि चेतना के ऐसे स्तर भी हो सकते हैं... जिन्हें केवल भौतिक शरीर से नहीं समझा जा सकता।

क्या वे वास्तव में किसी दूसरी सभ्यता की झलक थे?

क्या वे केवल मेरे मन के प्रतीक थे?

मैं आज भी निश्चित रूप से नहीं कह सकता। मैंने अपने अनुभवों को सत्य घोषित करने के बजाय... उन्हें प्रश्नों के रूप में सुरक्षित रखा। क्योंकि प्रश्न... झूठे उत्तरों से कहीं अधिक मूल्यवान होते हैं। एक और बात मेरे मन में बार-बार आती थी। क्या यह आवश्यक है कि हर बुद्धिमान जीवन... हमारी तरह शरीर वाला ही हो?

यदि जीवन पृथ्वी पर इतने विविध रूपों में विकसित हो सकता है... तो ब्रह्मांड में उसकी संभावनाएँ कितनी व्यापक होंगी?

यह विचार मुझे विनम्र बनाता था। मैंने महसूस किया... कि शायद हमारी सबसे बड़ी भूल... हर अज्ञात चीज़ को अपनी कल्पना के साँचे में ढाल देना है। यदि कोई दूसरी सभ्यता होगी... तो संभव है... वह हमारी समझ से बिल्कुल अलग हो और यदि नहीं होगी... तो भी यह प्रश्न हमें ब्रह्मांड को समझने के लिए प्रेरित करता रहेगा। मेरे लिए "एलियन" शब्द से अधिक महत्वपूर्ण... "चेतना" शब्द बन गया। क्योंकि यदि चेतना केवल पृथ्वी तक सीमित नहीं है... तो प्रश्न केवल दूसरे ग्रहों का नहीं... अस्तित्व का है।

लेकिन यहाँ फिर वही सावधानी आवश्यक है। मेरे अनुभव... वे किसी वैज्ञानिक प्रमाण का स्थान नहीं लेते और विज्ञान... अपनी विधि से सत्य की खोज करता है। दोनों को मिलाकर देखना चाहिए... लेकिन एक को दूसरे का प्रमाण नहीं बनाना चाहिए। मेरी यात्रा ने मुझे एक बात सिखाई। अज्ञात से डरना नहीं चाहिए। लेकिन अज्ञात के बारे में जल्दबाज़ी में निष्कर्ष भी नहीं निकालने चाहिए। यही संतुलन... खोज को जीवित रखता है।

आज यदि कोई मुझसे पूछे - "क्या एलियन होते हैं?" तो मेरा उत्तर होगा - "मुझे नहीं पता।"

लेकिन यदि कोई पूछे - "क्या ब्रह्मांड इतना विशाल है कि उसमें अभी भी अनगिनत रहस्य छिपे हो सकते हैं?" तो मेरा उत्तर होगा - "हाँ, यह संभावना अवश्य

है।"

और शायद... सच्चा खोजी वही है... जो "मुझे नहीं पता" कहने का साहस भी रखता है... और "मैं जानना चाहता हूँ" की जिज्ञासा भी। क्योंकि ज्ञान का आरम्भ... यही स्वीकार करने से होता है... कि अभी बहुत कुछ जानना बाकी है।

23

पृथ्वी का रहस्य

जब मैंने आकाश की ओर देखा... तो मुझे लगा कि सबसे बड़ा रहस्य तारों में छिपा है। जब मैंने समुद्र की ओर देखा... तो लगा कि सबसे बड़ा रहस्य उसकी गहराइयों में है।

लेकिन वर्षों तक प्रश्न पूछने के बाद... मुझे एक दिन यह एहसास हुआ, शायद सबसे बड़ा रहस्य न आकाश है... न समुद्र। शायद सबसे बड़ा रहस्य स्वयं पृथ्वी है। हम इसी पर जन्म लेते हैं। इसी पर चलते हैं। इसी पर प्रेम करते हैं। इसी पर युद्ध करते हैं और एक दिन... इसी की मिट्टी में मिल जाते हैं।

फिर भी... क्या हम वास्तव में अपनी पृथ्वी को जानते हैं?

विज्ञान ने पृथ्वी के बारे में बहुत कुछ बताया है। यह लगभग 4.5 अरब वर्ष पुरानी है। इसके भीतर परतें हैं। पिघला हुआ मेंटल है। धातुओं से बना कोर है। महाद्वीप लगातार धीरे-धीरे खिसकते रहते हैं। पर्वत बनते हैं। समुद्र बदलते हैं। भूकंप आते हैं। ज्वालामुखी फटते हैं। अर्थात... पृथ्वी एक जीवित ग्रह की तरह निरंतर परिवर्तन में है। लेकिन विज्ञान भी स्वीकार करता है... कि अभी बहुत कुछ ऐसा है... जिसे हम पूरी तरह नहीं समझ पाए हैं। गहरे समुद्रों का अधिकांश भाग... पृथ्वी के आंतरिक भाग... और जीवन की उत्पत्ति... आज भी शोध के विषय हैं।

यहीं से मेरे प्रश्न आरम्भ हुए। यदि पृथ्वी इतनी अद्भुत है... तो क्या हम केवल उसकी सतह को ही जानते हैं?

क्या उसके रहस्य केवल चट्टानों में हैं... या जीवन के उद्देश्य में भी?

जब मैं अपने स्वप्नों के बारे में सोचता था... तो कभी-कभी मुझे ऐसा अनुभव होता था... मानो पृथ्वी केवल एक ग्रह नहीं... एक विद्यालय है। एक ऐसा स्थान... जहाँ चेतना सीखती है। अनुभव करती है। गलतियाँ करती है। प्रेम करती है। विरह सहती है और धीरे-धीरे परिपक्व होती है। मैं यह नहीं कहता कि यही अंतिम सत्य है। यह मेरी आध्यात्मिक अनुभूति और चिंतन है। संभव है... कोई इसे प्रतीक माने। कोई दर्शन और कोई केवल एक लेखक की कल्पना। मैं हर दृष्टिकोण का सम्मान करता हूँ। मेरे लिए पृथ्वी का सबसे बड़ा रहस्य... उसकी मिट्टी नहीं... उसकी क्षमता है। यही ग्रह है... जहाँ एक बीज विशाल वृक्ष बन जाता है। जहाँ एक शिशु... कभी कवि बनता है... कभी वैज्ञानिक... कभी संत... और कभी एक साधारण मनुष्य... जो अपने परिवार के लिए पूरा जीवन समर्पित कर देता है।

पृथ्वी हर किसी को अवसर देती है। लेकिन मार्ग... मनुष्य स्वयं चुनता है। कभी-कभी मैं सोचता हूँ... यदि ब्रह्मांड में और भी जीवन है... तो क्या हर ग्रह का अपना उद्देश्य होगा? क्या पृथ्वी का उद्देश्य केवल जीवन को जन्म देना है... या चेतना को विकसित करना भी?

इस प्रश्न का उत्तर मेरे पास नहीं है। लेकिन इतना अवश्य है... कि पृथ्वी केवल रहने की जगह नहीं लगती। यह सीखने की जगह भी है। यहीं मनुष्य पहली बार प्रेम करता है। यहीं पहली बार किसी अपने को खोता है। यहीं पहली बार मृत्यु को समझता है और यहीं पहली बार ईश्वर से प्रश्न भी करता है।

शायद... इसीलिए पृथ्वी अद्भुत है। क्योंकि यहाँ केवल शरीर नहीं जन्म लेते... प्रश्न भी जन्म लेते हैं और जहाँ प्रश्न जन्म लेते हैं... वहीं से ज्ञान की यात्रा आरम्भ होती है।

आज मैं जब पृथ्वी को देखता हूँ... तो मुझे केवल मिट्टी का एक गोला नहीं दिखाई देता। मुझे एक जीवंत कथा दिखाई देती है। एक ऐसी कथा... जो अरबों वर्षों से लिखी जा रही है और हम सब... उस कथा के केवल कुछ पन्ने हैं। हम आएँगे। अपना अध्याय लिखेंगे और चले जाएँगे। लेकिन पृथ्वी... अपनी यात्रा जारी रखेगी।

शायद पृथ्वी का सबसे बड़ा रहस्य... उसके भीतर छिपे खनिज नहीं... बल्कि उस पर जन्म लेने वाले असंख्य जीवन हैं। क्योंकि हर जीवन... अपने साथ एक प्रश्न लेकर आता है और शायद... एक उत्तर भी। बस... उसे पहचानने की देर होती है।

24
विज्ञान कहाँ तक पहुँचा?

जब भी मैं विज्ञान के बारे में सोचता हूँ... तो मेरे मन में सबसे पहले एक भावना आती है - कृतज्ञता। क्योंकि यदि विज्ञान न होता... तो शायद मैं यह पुस्तक भी न लिख पाता। हमारे हाथ में जो मोबाइल है... हम जिस विमान में यात्रा करते हैं... जिन दवाइयों से रोगों का उपचार होता है... जिन उपग्रहों से पूरी पृथ्वी जुड़ी हुई है... यह सब विज्ञान की देन है।

विज्ञान ने मनुष्य को केवल सुविधाएँ नहीं दीं... उसने प्रश्न पूछना भी सिखाया। उसने कहा - "किसी बात को केवल इसलिए मत मानो कि किसी ने कह दिया है। उसे परखो।" यही विज्ञान की सबसे बड़ी शक्ति है। लेकिन जैसे-जैसे मेरी अपनी यात्रा आगे बढ़ी... एक और प्रश्न मेरे सामने आया।

क्या विज्ञान सब कुछ जान चुका है?

यदि उत्तर "हाँ" है... तो फिर शोध क्यों चल रहे हैं? नई खोजें क्यों हो रही हैं? हर वर्ष नए सिद्धांत क्यों बनते हैं?

नहीं। विज्ञान स्वयं स्वीकार करता है... कि ज्ञान की यात्रा अभी जारी है। हमने अंतरिक्ष में दूर-दूर तक देखने वाली दूरबीनें बना ली हैं। हमने परमाणुओं के भीतर झाँकना सीख लिया है। हमने मानव जीनोम को पढ़ लिया। हम कृत्रिम बुद्धिमत्ता विकसित कर रहे हैं। हम मंगल ग्रह तक यान भेज चुके हैं। यह सब मानव बुद्धि

की अद्‌भुत उपलब्धियाँ हैं। लेकिन इसके साथ-साथ... कुछ प्रश्न आज भी हमारे सामने खड़े हैं।

चेतना क्या है?

ब्रह्मांड की अधिकांश द्रव्य-ऊर्जा किस रूप में है?

जीवन की पहली चिंगारी कैसे जली?

क्या पृथ्वी के बाहर भी जीवन है?

इन प्रश्नों के उत्तर अभी पूर्ण नहीं हैं। विज्ञान इन पर कार्य कर रहा है और यही उसकी सुंदरता है। वह "मुझे नहीं पता" कहने से नहीं डरता। मेरी आध्यात्मिक यात्रा ने भी मुझे यही सिखाया। जहाँ अनुभव है... वहाँ ईमानदारी होनी चाहिए। जहाँ प्रमाण नहीं है... वहाँ विनम्रता होनी चाहिए। कई बार लोग विज्ञान और अध्यात्म को एक-दूसरे का शत्रु बना देते हैं। लेकिन क्या वास्तव में ऐसा है?

मेरी दृष्टि में...दोनों का उद्‌देश्य सत्य की खोज है विज्ञान बाहर की दुनिया को समझता है अध्यात्म भीतर की दुनिया को विज्ञान प्रयोगशाला में प्रयोग करता है अध्यात्म मन और चेतना में।

दोनों की विधियाँ अलग हैं। इसलिए दोनों के निष्कर्षों को एक-दूसरे पर थोपना उचित नहीं होगा मैंने अपने स्वप्नों में जो अनुभव किए.. वे मेरे अनुभव हैं विज्ञान उन्हें तब तक स्वीकार नहीं करेगा.. जब तक वे स्वतंत्र रूप से जाँचे और दोहराए न जा सकें और यह उचित भी है। उसी प्रकार.. विज्ञान की प्रत्येक खोज... मेरे व्यक्तिगत अनुभव को स्वतः असत्य भी सिद्‌ध नहीं करती। दोनों अलग-अलग प्रकार के प्रश्न पूछते हैं। मेरे लिए सबसे सुंदर बात यह है... कि दोनों खोज करना नहीं छोड़ते।

जब विज्ञान कहता है - "हम अभी सीख रहे हैं।" और जब एक साधक कहता है - "मैं अभी खोज रहा हूँ।"

तब दोनों एक-दूसरे के बहुत निकट आ जाते हैं। मुझे लगता है... समस्या विज्ञान

में नहीं है। समस्या तब होती है... जब मनुष्य यह मान लेता है कि अब खोज पूरी हो चुकी है। चाहे वह वैज्ञानिक हो... या साधक। क्योंकि जिस दिन प्रश्न समाप्त हो जाते हैं... उसी दिन विकास रुक जाता है। इसलिए मैं विज्ञान का सम्मान करता हूँ। क्योंकि उसने मुझे संदेह करना सिखाया और मैं अध्यात्म का भी सम्मान करता हूँ। क्योंकि उसने मुझे मौन में उतरना सिखाया। दोनों ने मिलकर मुझे एक ही शिक्षा दी - सत्य किसी एक व्यक्ति, एक पुस्तक या एक विचारधारा की संपत्ति नहीं है।

उस तक पहुँचने के लिए... जिज्ञासा भी चाहिए... अनुशासन भी... और सबसे बढ़कर... विनम्रता। शायद... मानव सभ्यता का सबसे महान दिन वह होगा... जब विज्ञान और अध्यात्म एक-दूसरे को हराने का प्रयास नहीं करेंगे... बल्कि मिलकर यह पूछेंगे - "सत्य वास्तव में क्या है?" और उस दिन... शायद मनुष्य की सबसे बड़ी खोज... बाहर नहीं... अपने भीतर पूरी होगी।

25

अध्यात्म कहाँ से शुरू होता है?

मुझे लगता था कि अध्यात्म का अर्थ है - मंदिर जाना, पूजा करना, आरती गाना, व्रत रखना और भगवान का नाम लेना।

मैंने यही देखा था। यही सीखा था। लेकिन जीवन ने धीरे-धीरे मुझे एक अलग प्रश्न के सामने खड़ा कर दिया। क्या अध्यात्म केवल पूजा है?

यदि ऐसा होता... तो हर पूजा करने वाला मनुष्य शांत होता। हर धार्मिक व्यक्ति क्रोध, अहंकार और भय से मुक्त होता। लेकिन ऐसा नहीं है। तब मैंने समझना शुरू किया... कि धर्म और अध्यात्म एक-दूसरे से जुड़े अवश्य हैं... परंतु दोनों हमेशा एक ही बात नहीं हैं। धर्म... हमें मार्ग दिखा सकता है। परंपराएँ दे सकता है। अनुशासन सिखा सकता है। लेकिन अध्यात्म... एक दिन स्वयं से मिलने की यात्रा बन जाता है। मेरी यात्रा भी किसी आश्रम से शुरू नहीं हुई। न किसी पर्वत से। न किसी गुरु के चरणों से। मेरी यात्रा शुरू हुई... एक प्रश्न से।

मैं कौन हूँ?

मैं क्यों जन्मा हूँ?

प्रेम इतना पीड़ा क्यों देता है?

मृत्यु के बाद क्या होता है?

क्या ईश्वर है?

यदि है... तो वह कहाँ है?

इन प्रश्नों ने मुझे चैन से बैठने नहीं दिया। धीरे-धीरे मुझे समझ आने लगा... कि अध्यात्म तब शुरू नहीं होता... जब मनुष्य भगवान को खोजता है। अध्यात्म तब शुरू होता है... जब मनुष्य स्वयं को खोजने लगता है, क्योंकि यदि मैं स्वयं को ही नहीं जानता... तो ईश्वर को कैसे जानूँगा?

मैंने यह भी देखा... कि लोग अक्सर अध्यात्म को संसार से भागना समझ लेते हैं। लेकिन क्या वास्तव में ऐसा है?

यदि कोई व्यक्ति जंगल चला जाए... लेकिन उसका क्रोध उसके साथ चला जाए... उसका अहंकार भी साथ चला जाए... तो क्या वह सचमुच अध्यात्म के मार्ग पर है? शायद नहीं और यदि कोई व्यक्ति परिवार में रहते हुए... ईमानदारी से जीवन जिए... करुणा रखे... सत्य का पालन करे... और स्वयं को समझने का प्रयास करे... तो क्या वह अध्यात्म से दूर है? शायद नहीं।

यहीं मेरी समझ बदलने लगी। मुझे लगा... अध्यात्म स्थान नहीं... दृष्टि है। वस्त्र नहीं... विचार है। कर्मकांड नहीं... जागरूकता है।

मैंने अपने स्वप्नों में... ध्यान में... और जीवन के संघर्षों में... जो कुछ अनुभव किया... उसने मुझे एक बात सिखाई। ईश्वर तक पहुँचने का सबसे छोटा मार्ग... दूसरों को बदलना नहीं... स्वयं को बदलना है, क्योंकि संसार को दोष देना आसान है। अपने भीतर झाँकना कठिन। मैंने जब-जब अपने भीतर देखा... मुझे अपने ही भय मिले। अपना ही अहंकार मिला। अपनी ही अपेक्षाएँ मिलीं और उन्हीं के पीछे... एक गहरा मौन भी मिला। शायद अध्यात्म उसी मौन का द्वार है। मैं यह नहीं कहता... कि मेरे पास सभी उत्तर हैं। मैं आज भी एक यात्री हूँ। आज भी प्रश्न पूछता हूँ। आज भी सीखता हूँ और शायद... यही अध्यात्म की सबसे बड़ी पहचान है।

जिस दिन मनुष्य यह मान ले... कि उसे सब कुछ पता है... उसी दिन उसकी

आध्यात्मिक यात्रा रुक जाती है। सच्चा साधक... हर दिन नया विद्‌यार्थी होता है। मैंने अपने जीवन से एक और बात सीखी। अध्यात्म का पहला कदम... किसी ग्रंथ को पढ़ना नहीं है।

पहला कदम है... ईमानदारी। स्वयं से ईमानदारी। अपने भय को स्वीकार करना। अपने क्रोध को पहचानना। अपनी गलतियों को मानना और सत्य को... सुविधा से ऊपर रखना। इसके बाद ही... ध्यान अर्थपूर्ण होता है। प्रार्थना जीवित होती है। मंत्र केवल शब्द नहीं रहते... अनुभव बन जाते हैं और ईश्वर... एक कल्पना नहीं... एक खोज बन जाता है। शायद... अध्यात्म की शुरुआत मंदिर की सीढ़ियों से नहीं... मनुष्य के हृदय से होती है। वह उस दिन जन्म लेता है... जब कोई व्यक्ति पहली बार... अपने आप से पूछता है - "मैं वास्तव में कौन हूँ?" और उसी क्षण... उसकी सबसे लंबी यात्रा शुरू होती है। एक ऐसी यात्रा... जिसका अंत किसी स्थान पर नहीं... बल्कि सत्य की अनुभूति में होता है।

26

प्रमाण और अनुभव

इस पुस्तक में अब तक मैंने जो कुछ लिखा... उसमें दो धाराएँ साथ-साथ चलती रहीं। एक... जिसे विज्ञान प्रमाण कहता है। दूसरी... जिसे मनुष्य अनुभव कहता है।

कई बार लोगों ने मुझसे पूछा - "क्या तुम्हारे पास इसका कोई प्रमाण है?" पहले मैं इस प्रश्न से असहज हो जाता था। फिर धीरे-धीरे मुझे समझ आने लगा... कि यह प्रश्न गलत नहीं है। यदि कोई व्यक्ति किसी बात को सत्य मानने से पहले प्रमाण माँगता है... तो वह जिज्ञासु है और जिज्ञासा... ज्ञान की शत्रु नहीं... मित्र है।

विज्ञान की सबसे बड़ी शक्ति यही है। वह कहता है - जो देखा जा सके... जिसे मापा जा सके... जिसे दूसरे लोग भी जाँच सकें... उसे प्रमाण माना जा सकता है। इसी पद्धति ने मनुष्य को चिकित्सा दी। बिजली दी। संचार दिया। अंतरिक्ष तक पहुँचाया। इसलिए प्रमाण का महत्व असाधारण है।

लेकिन फिर मैंने स्वयं से एक और प्रश्न पूछा। क्या जीवन की हर महत्वपूर्ण बात... मापी जा सकती है?

क्या प्रेम का वजन किया जा सकता है?

क्या करुणा की लंबाई नापी जा सकती है?

क्या किसी माँ का स्नेह... किसी यंत्र में मापा जा सकता है? शायद नहीं।

फिर भी... क्या हम यह कह देंगे कि प्रेम अस्तित्व में नहीं है? नहीं।

यहीं से अनुभव का संसार आरम्भ होता है। अनुभव... व्यक्ति का होता है। प्रमाण... सभी के लिए होता है। इन दोनों में अंतर समझना आवश्यक है।

यदि मुझे कोई स्वप्न आता है... तो वह मेरे लिए एक अनुभव है। लेकिन जब तक उसका स्वतंत्र प्रमाण न हो... मैं उसे पूरे संसार के लिए सत्य घोषित नहीं कर सकता। यही ईमानदारी है और यदि विज्ञान किसी तथ्य को प्रमाणित करता है... तो केवल इसलिए उसे अस्वीकार भी नहीं किया जा सकता... कि वह मेरी मान्यता से मेल नहीं खाता। यही विनम्रता है। मेरी यात्रा ने मुझे सिखाया... कि अनुभव और प्रमाण... दोनों का अपना-अपना स्थान है।

अनुभव... मनुष्य को खोज की ओर ले जा सकता है। प्रमाण... उस खोज की जाँच कर सकता है।

यदि अनुभव न हों... तो नए प्रश्न जन्म नहीं लेंगे। यदि प्रमाण न हों... तो भ्रम बढ़ सकते हैं। इसलिए दोनों विरोधी नहीं... पूरक हैं। मैंने इस पुस्तक में अपने स्वप्नों के बारे में लिखा। ध्यान के अनुभवों के बारे में लिखा। समुद्र, चेतना और दूसरी दुनिया के बारे में अपने विचार लिखे। लेकिन हर बार मैंने स्वयं को याद दिलाया - "जो मेरा अनुभव है, उसे अनुभव ही रहने दो।" और जहाँ विज्ञान ने उत्तर दिए... वहाँ मैंने उन्हें स्वीकार किया। जहाँ विज्ञान ने कहा - "हमें अभी नहीं पता"... वहाँ मैंने भी कहा - "मुझे भी नहीं पता।" मुझे लगता है... यही सबसे कठिन वाक्य है। "मुझे नहीं पता।" क्योंकि मनुष्य अक्सर उत्तरों से प्रेम करता है। प्रश्नों से नहीं।

लेकिन मैंने पाया... कि जो व्यक्ति "मुझे नहीं पता" कहने का साहस रखता है... वही सचमुच सीख सकता है। इस पुस्तक का उद्देश्य... किसी को मेरी बातों पर विश्वास करने के लिए कहना नहीं है। मेरा उद्देश्य केवल इतना है... कि तुम स्वयं प्रश्न पूछो। स्वयं खोजो। स्वयं अनुभव करो और जहाँ संभव हो... प्रमाण भी तलाशो, क्योंकि अंधविश्वास... और अंध-अस्वीकार... दोनों ही सत्य से दूर ले जा सकते हैं। सत्य के मार्ग पर... जिज्ञासा चाहिए, धैर्य चाहिए, विवेक चाहिए और सबसे अधिक... ईमानदारी चाहिए।

यदि मेरे अनुभव तुम्हें प्रेरित करें... तो उन्हें अपनी यात्रा का प्रारम्भ बनाना। अंत नहीं। यदि विज्ञान तुम्हें नई खोजों तक ले जाए... तो उसका स्वागत करना और यदि किसी दिन... तुम्हारे अनुभव और प्रमाण... एक ही दिशा में संकेत करने लगें... तो उस क्षण को विनम्रता से स्वीकार करना, क्योंकि सत्य... न मेरे अनुभव का कैदी है... न किसी प्रयोगशाला का। सत्य... हमेशा सत्य ही रहता है। हम केवल धीरे-धीरे... उसके निकट पहुँचते हैं।

27

क्या दोनों साथ चल सकते हैं?

मेरी यात्रा के इस पड़ाव तक पहुँचते-पहुँचते... एक प्रश्न बार-बार मेरे सामने खड़ा होने लगा। क्या विज्ञान और अध्यात्म साथ चल सकते हैं?

या...

इनमें से किसी एक को चुनना ही पड़ेगा?

मैंने देखा... कुछ लोग कहते हैं - "जो विज्ञान नहीं मानता, वह अंधविश्वास है।"

दूसरी ओर... कुछ लोग कहते हैं - "जिसे अध्यात्म नहीं समझा सकता, विज्ञान उसे कभी नहीं समझ पाएगा।"

दोनों अपने-अपने स्थान पर खड़े थे। दोनों के पास तर्क थे। लेकिन मेरे मन में प्रश्न था - क्या सत्य को दो हिस्सों में बाँटा जा सकता है?

जब मैंने विज्ञान को पढ़ा... तो उसने मुझे सिखाया कि हर प्रश्न पूछो। हर उत्तर को परखो। हर दावे को जाँचो और यदि नया प्रमाण मिले... तो अपनी सोच बदलने का साहस रखो। यही विज्ञान की सबसे बड़ी खूबसूरती है। वह किसी विचार से नहीं... सत्य से प्रेम करता है।

जब मैंने अध्यात्म की ओर देखा... तो उसने मुझे एक अलग शिक्षा दी। उसने कहा - अपने भीतर उतरना सीखो, अपने मन को देखो, अपने भय को पहचानो, अपने अहंकार को समझो और सत्य का अनुभव स्वयं करो।

मैंने महसूस किया... कि दोनों की दिशा अलग दिखाई देती है... लेकिन लक्ष्य एक ही है - सत्य।

विज्ञान पूछता है - "यह कैसे हुआ?" अध्यात्म पूछता है - "मैं कौन हूँ?"

विज्ञान पदार्थ का अध्ययन करता है... अध्यात्म चेतना का।

विज्ञान दूरबीन बनाता है... ताकि हम ब्रह्मांड को देख सकें।

अध्यात्म ध्यान सिखाता है... ताकि हम स्वयं को देख सकें।

क्या इनमें संघर्ष है?

मेरी दृष्टि में... नहीं। संघर्ष वहाँ पैदा होता है... जहाँ मनुष्य अपनी सीमाएँ भूल जाता है। जब कोई वैज्ञानिक यह कह दे... कि जो प्रयोगशाला में सिद्ध नहीं हुआ, उसका कोई मूल्य नहीं... तो वह विज्ञान की विनम्रता खो देता है और जब कोई साधक यह कह दे... कि उसके व्यक्तिगत अनुभव ही अंतिम सत्य हैं... तो वह अध्यात्म की विनम्रता खो देता है। दोनों ही स्थितियाँ... खोज को रोक देती हैं।

मैंने अपने जीवन में कई ऐसे अनुभव किए... जिन्हें मैं शब्दों में पूरी तरह व्यक्त नहीं कर पाया। मैंने उन्हें न विज्ञान के विरुद्ध रखा... न विज्ञान के ऊपर। मैंने उन्हें बस अपनी यात्रा का हिस्सा माना। उसी प्रकार... जब विज्ञान ने मुझे किसी विषय का स्पष्ट उत्तर दिया... तो मैंने उसे केवल इसलिए अस्वीकार नहीं किया... कि वह मेरी कल्पना से मेल नहीं खाता था। धीरे-धीरे मुझे समझ आने लगा... कि सत्य को किसी पक्ष की आवश्यकता नहीं होती। यदि कोई बात सत्य है... तो वह विज्ञान की कसौटी पर भी खड़ी हो सकेगी... या फिर भविष्य में उसकी जाँच का मार्ग खुलेगा और यदि कोई अनुभव केवल व्यक्ति के भीतर घटित होता है... तो उसका मूल्य उस व्यक्ति के जीवन में हो सकता है... भले ही वह सार्वभौमिक प्रमाण न बन सके।

यही संतुलन... मुझे सबसे सुंदर लगा। मैंने महसूस किया... कि विज्ञान और अध्यात्म दो आँखों की तरह हैं। यदि एक आँख बंद कर दी जाए... तो संसार दिखाई तो देगा... लेकिन उसकी गहराई कम हो जाएगी। एक आँख बाहर की दुनिया दिखाती है। दूसरी भीतर की। दोनों मिलें... तभी दृष्टि पूर्ण होती है। शायद भविष्य का मनुष्य वही होगा... जो प्रयोगशाला में भी विनम्र होगा... और ध्यान में भी। जो प्रश्न पूछने से नहीं डरेगा... और उत्तर मिलने पर अहंकार भी नहीं करेगा, क्योंकि ज्ञान का सबसे बड़ा शत्रु... अज्ञान नहीं... अहंकार है।

यह पुस्तक लिखते-लिखते... मैंने एक बात निश्चित रूप से सीखी। मैं विज्ञान का विरोधी नहीं हूँ। मैं अध्यात्म का व्यापारी भी नहीं हूँ। मैं केवल एक खोजी हूँ।

एक ऐसा मनुष्य... जो अपने अनुभवों को ईमानदारी से लिख रहा है... और जहाँ उसे उत्तर नहीं मिले... वहाँ "मुझे नहीं पता" कहने का साहस भी रखता है। शायद... यही वह स्थान है... जहाँ विज्ञान और अध्यात्म एक-दूसरे का हाथ पकड़ते हैं। दोनों साथ चलते हैं। एक बाहर की यात्रा पर... दूसरा भीतर की और जब दोनों यात्राएँ एक दिन मिलती हैं... तो मनुष्य केवल अधिक ज्ञानी नहीं बनता... वह अधिक विनम्र भी बन जाता है, क्योंकि अंत में... सत्य किसी एक मार्ग का नहीं होता। सत्य... उन सभी का होता है... जो उसे ईमानदारी से खोजते हैं।

28

निष्ठा

इस पूरी यात्रा में... यदि किसी एक शब्द ने मेरा साथ नहीं छोड़ा... तो वह था - निष्ठा।

लोग अक्सर मुझसे पूछते हैं - "तुम अभी तक उसी रास्ते पर क्यों चल रहे हो?" "तुमने हार क्यों नहीं मान ली?" "इतने वर्षों बाद भी तुम्हारे भीतर वही विश्वास कैसे है?"

मैं मुस्कुरा देता हूँ। क्योंकि इन प्रश्नों का उत्तर शब्दों में देना सरल नहीं है।

निष्ठा... तर्क से पहले जन्म नहीं लेती। वह अनुभव से जन्म लेती है और परीक्षा से मजबूत होती है। जब जीवन में सब कुछ अच्छा चल रहा हो... तब विश्वास करना कठिन नहीं होता। कठिनाई तब आती है... जब चारों ओर अंधकार हो। जब प्रार्थना का उत्तर न मिले। जब प्रतीक्षा समाप्त न हो। जब अपने ही लोग साथ छोड़ दें। जब मन बार-बार टूटे... और फिर भी... भीतर कोई धीमी-सी आवाज़ कहे - "चलते रहो।"

मेरे जीवन में भी ऐसे अनेक क्षण आए। प्रेम मिला... फिर बिछड़ गया। आशा मिली... फिर टूट गई। प्रश्न मिले... उत्तर नहीं मिले। कई बार लगा... अब आगे बढ़ने का कोई कारण नहीं बचा। लेकिन हर बार... किसी न किसी रूप में... मुझे फिर खड़ा होना पड़ा। तभी मुझे समझ आया... कि निष्ठा का अर्थ यह नहीं है कि तुम्हें कभी संदेह नहीं होगा। निष्ठा का अर्थ यह भी नहीं कि तुम्हें कभी दुःख नहीं

होगा। निष्ठा का अर्थ है - संदेह के बीच भी सत्य की खोज न छोड़ना। दुःख के बीच भी करुणा न छोड़ना। अंधकार के बीच भी प्रकाश की संभावना को जीवित रखना।

मेरे लिए निष्ठा केवल ईश्वर के प्रति नहीं रही। निष्ठा सत्य के प्रति भी रही। यदि कोई बात मेरी मान्यता के विरुद्ध भी सत्य सिद्ध होती... तो उसे स्वीकार करने का साहस भी निष्ठा का ही एक रूप है, क्योंकि निष्ठा... जिद नहीं होती। जिद कहती है - "मैं नहीं बदलूँगा।" निष्ठा कहती है - "यदि सत्य मुझे बदल दे... तो मैं बदलने को तैयार हूँ।" मैंने प्रेम में भी यही सीखा। सच्चा प्रेम... स्वामित्व नहीं चाहता। वह समर्पण चाहता है। यदि प्रेम केवल पाने का नाम होता... तो संसार का हर असफल प्रेम... घृणा में बदल जाता। लेकिन जहाँ निष्ठा होती है... वहाँ सम्मान बचा रहता है। भले ही दूरी क्यों न आ जाए। मेरी अपनी जीवन-यात्रा में... निष्ठा का सबसे कठिन रूप था - प्रतीक्षा।

प्रतीक्षा... जिसका कोई निश्चित अंत दिखाई नहीं देता।

प्रतीक्षा... जिसमें मन बार-बार हार मानना चाहता है।

प्रतीक्षा... जिसमें समय स्वयं एक परीक्षा बन जाता है।

मैं यह नहीं कहता... कि हर प्रतीक्षा का फल अवश्य मिलता है। जीवन ऐसा वचन नहीं देता। लेकिन मैं इतना अवश्य कहता हूँ... कि सच्ची निष्ठा मनुष्य को भीतर से बदल देती है। वह उसे धैर्य सिखाती है। वह उसे विनम्र बनाती है। वह उसे यह समझाती है... कि हर इच्छा पूरी होना ही सफलता नहीं होती। कई बार... यात्रा स्वयं मनुष्य को नया बना देती है।

आज यदि कोई मुझसे पूछे - "तुम्हारी सबसे बड़ी शक्ति क्या है?" तो मैं ज्ञान नहीं कहूँगा। मैं अनुभव भी नहीं कहूँगा। मैं कहूँगा— निष्ठा। क्योंकि ज्ञान बिना निष्ठा के... अहंकार बन सकता है। अनुभव बिना निष्ठा के... भ्रम बन सकता है। लेकिन निष्ठा... मनुष्य को बार-बार उठना सिखाती है। गिरकर भी। टूटकर भी। रोकर भी और शायद... ईश्वर भी उसी मनुष्य का हाथ सबसे पहले पकड़ता है... जो पूर्ण होने का दावा नहीं करता... लेकिन सत्य की राह पर चलना नहीं छोड़ता।

मेरी यात्रा अभी समाप्त नहीं हुई है। मेरे प्रश्न भी शेष हैं। मेरी खोज भी जारी है।

लेकिन यदि इस पूरी यात्रा से मैंने एक ही शिक्षा सीखी है... तो वह यही है - निष्ठा का अर्थ यह नहीं कि तुम्हें हर उत्तर मिल जाएगा। निष्ठा का अर्थ है कि उत्तर मिलने तक भी तुम सत्य, करुणा और ईमानदारी का साथ नहीं छोड़ोगे और शायद... यही किसी भी साधक की सबसे बड़ी पहचान है।

29

प्रतीक्षा

यदि इस पुस्तक का एक ही शब्द चुनना हो... जो मेरे पूरे जीवन को सबसे गहराई से व्यक्त करता हो... तो वह शब्द होगा - प्रतीक्षा।

प्रतीक्षा... सुनने में एक साधारण शब्द लगता है। लेकिन जिसने सच्ची प्रतीक्षा की हो... वह जानता है कि यह शब्द नहीं... एक तपस्या है। लोग सोचते हैं... प्रतीक्षा केवल समय बिताने का नाम है। लेकिन मैंने जाना... प्रतीक्षा समय काटना नहीं... समय के साथ स्वयं को बदलते हुए देखना है। मेरे जीवन में भी एक प्रतीक्षा थी।

एक ऐसा नाम... जो मेरे हृदय की धड़कनों में बस गया था। निधि।

कई लोगों ने कहा - "अब आगे बढ़ जाओ।" "इतने वर्षों बाद क्या बदल जाएगा?" "जो चला गया, उसे जाने दो।" मैंने किसी से बहस नहीं की। क्योंकि कुछ बातें समझाई नहीं जातीं... केवल जी जाती हैं। मैं यह नहीं कह सकता कि भविष्य क्या होगा। मैं यह भी नहीं कह सकता कि मेरी प्रतीक्षा का अंत वैसा होगा... जैसा मैं चाहता हूँ। सत्य यह है... मुझे नहीं पता। लेकिन मैं इतना जानता हूँ... कि इस प्रतीक्षा ने मुझे बदल दिया।

यदि यह प्रतीक्षा न होती... तो शायद मैं जीवन के इन प्रश्नों को कभी न पूछता। मैं मृत्यु के बारे में न सोचता। मैं आत्मा के बारे में न सोचता। मैं विज्ञान और अध्यात्म को साथ बैठाकर संवाद कराने का प्रयास न करता। मैं समुद्र की गहराइयों में रहस्य न खोजता। मैं अपने स्वप्नों को इतनी गंभीरता से न देखता।

शायद... मेरी सबसे बड़ी गुरु... यही प्रतीक्षा रही। प्रतीक्षा ने मुझे धैर्य सिखाया। मौन सिखाया। हारकर भी खड़े होना सिखाया और सबसे बढ़कर... इसने मुझे यह सिखाया कि मनुष्य हर बात पर अधिकार नहीं रखता। हम प्रयास कर सकते हैं। प्रेम कर सकते हैं। प्रार्थना कर सकते हैं। लेकिन परिणाम... हमारे हाथ में हमेशा नहीं होते। यहीं से समर्पण जन्म लेता है। समर्पण का अर्थ हार मान लेना नहीं है। समर्पण का अर्थ है... अपना श्रेष्ठ कर्म करने के बाद... समय पर विश्वास रखना। यह विश्वास अंधविश्वास नहीं है। यह उस सत्य को स्वीकार करना है... कि जीवन केवल हमारी इच्छाओं से नहीं चलता।

मैंने कई बार स्वयं से पूछा - क्या प्रतीक्षा करना उचित है?

इस प्रश्न का उत्तर हर व्यक्ति के लिए अलग हो सकता है। किसी के लिए आगे बढ़ना सही होगा। किसी के लिए ठहरना। मैं अपनी राह किसी और पर थोपना नहीं चाहता। मैं केवल अपनी कहानी कह सकता हूँ। मेरी राह... प्रतीक्षा की रही और इस प्रतीक्षा में मैंने पाया... कि सबसे कठिन संघर्ष किसी दूसरे से नहीं... अपने ही मन से होता है। मन हर दिन कहता है - "अब बस।" और हृदय धीरे से कहता है - "थोड़ा और।"

इन दोनों के बीच... मनुष्य का चरित्र बनता है। आज पीछे मुड़कर देखता हूँ... तो समझ आता है कि मैं केवल किसी व्यक्ति की प्रतीक्षा नहीं कर रहा था। मैं उस उत्तर की प्रतीक्षा भी कर रहा था... जो मेरे जीवन का अर्थ समझा सके। शायद... इसलिए मेरी यात्रा प्रेम से शुरू हुई... और सत्य की खोज तक पहुँच गई।

यदि कभी मेरी प्रतीक्षा पूरी हो गई... तो मैं ईश्वर का धन्यवाद करूँगा। यदि नहीं हुई... तो भी मैं इस यात्रा का धन्यवाद करूँगा। क्योंकि इसने मुझे वह बना दिया... जो मैं आज हूँ। इस पुस्तक की शुरुआत प्रश्नों से हुई थी और इसका अंत भी... एक प्रश्न से ही होना चाहिए। क्या जीवन का उद्देश्य केवल मंज़िल तक पहुँचना है? या... उस यात्रा को समझना भी... जो हमें मंज़िल तक ले जाती है?

आज मेरे पास इस प्रश्न का अंतिम उत्तर नहीं है। लेकिन मैं इतना अवश्य जानता हूँ - जिस दिन मनुष्य प्रेम करना छोड़ देता है... प्रतीक्षा करना छोड़ देता है... सत्य की

खोज करना छोड़ देता है... उसी दिन वह भीतर से जीना भी छोड़ देता है। इसलिए... मैं आज भी प्रतीक्षा में हूँ। लेकिन अब यह प्रतीक्षा केवल किसी एक व्यक्ति की नहीं... यह प्रतीक्षा सत्य की है, प्रेम की है, शांति की है और उस क्षण की... जब मेरे सभी प्रश्न... मौन में विलीन हो जाएँगे। शायद... वहीं से किसी नई यात्रा का आरम्भ होगा। समाप्त नहीं... क्योंकि खोज कभी समाप्त नहीं होती।

30

बंधन

मेरे जीवन में... यदि किसी एक शब्द ने... प्रेम के बाद... सबसे अधिक स्थान लिया है... तो वह है - बंधन।

पहले मुझे लगता था... बंधन केवल रस्सियों के होते हैं। लोहे की ज़ंजीरों के होते हैं। कैदखानों के होते हैं। लेकिन समय ने सिखाया... सबसे मजबूत बंधन... वे होते हैं... जो दिखाई ही नहीं देते।

मैंने अपने जीवन में... किसी से प्रेम किया। धीरे-धीरे... मुझे एहसास हुआ... कि शरीरों के बीच की दूरी... इतनी पीड़ा नहीं देती... जितनी मन के बंधन देते हैं। मैं आगे बढ़ना चाहता था... लेकिन मन... बार-बार वहीं लौट जाता था। कई बार मैंने स्वयं से पूछा - क्या यह प्रेम है? या बंधन?

उत्तर... इतना सरल नहीं था। क्योंकि प्रेम और बंधन... ऊपर से देखने पर... कई बार एक जैसे दिखाई देते हैं। दोनों में लगाव होता है। दोनों में स्मृतियाँ होती हैं। दोनों में किसी अपने के लिए स्थान होता है। लेकिन... एक बहुत बड़ा अंतर भी है। प्रेम... स्वतंत्र करता है। बंधन... बाँध देता है। मैंने यह अंतर... बहुत देर से समझा। मैंने अनुभव किया... कि जब मन किसी एक इच्छा से बँध जाता है... तो संसार की सारी सुंदरता भी... उसे दिखाई देना बंद हो जाती है।

वह केवल... एक ही उत्तर चाहता है, एक ही व्यक्ति चाहता है, एक ही परिणाम चाहता है और जब वह नहीं मिलता... तो भीतर संघर्ष शुरू हो जाता है। फिर मैंने

स्वयं से पूछा - क्या केवल मनुष्य ही... बंधन में होता है? या... पूरा संसार ही... किसी न किसी बंधन में बँधा है?

पृथ्वी... सूर्य के गुरुत्वाकर्षण से बँधी है।

चंद्रमा... पृथ्वी से बँधा है।

शरीर... समय से बँधा है।

जीवन... साँसों से बँधा है।

और मन... अपनी इच्छाओं से।

शायद... बंधन स्वयं समस्या नहीं है। प्रश्न यह है... कि हम किससे बँधे हैं?

यदि मैं सत्य से बँधा हूँ... तो वह बंधन... मुझे ऊँचा उठाएगा।

यदि मैं करुणा से बँधा हूँ... तो वह मुझे बेहतर मनुष्य बनाएगा।

लेकिन यदि मैं... अहंकार... भय... या अधिकार की भावना से बँध जाऊँ... तो वही बंधन... मेरी पीड़ा बन जाएगा।

मेरे जीवन में... निधि केवल एक व्यक्ति नहीं रही। वह एक दर्पण भी बन गई। उसने मुझे यह दिखाया... कि मेरा मन... कितनी गहराई से जुड़ सकता है और... कितनी गहराई से बँध भी सकता है।

यह अध्याय... किसी शिकायत का नहीं है। यह आत्मचिंतन का है, क्योंकि यदि मैं अपने बंधनों को पहचान ही न सकूँ... तो उनसे मुक्त होने की बात कैसे करूँ?

भारतीय आध्यात्मिक परंपराओं में... 'मोह' और 'आसक्ति' पर बहुत चर्चा मिलती है। उनका उद्देश्य प्रेम को नकारना नहीं... बल्कि यह समझना है... कि कब प्रेम... अधिकार में बदल जाता है और कब अधिकार... पीड़ा का कारण बन जाता है। मैं आज भी... अपने सभी बंधनों से मुक्त नहीं हूँ। मेरे भीतर आज भी... यादें हैं,

प्रतीक्षा है, प्रेम है। लेकिन अब... मैं अपने आप से एक प्रश्न अवश्य पूछता हूँ - क्या मैं इस व्यक्ति से प्रेम कर रहा हूँ... या उसे अपने अनुसार पाने की इच्छा से बँधा हुआ हूँ?

इस एक प्रश्न ने... मेरे भीतर बहुत कुछ बदल दिया।

आज यदि कोई मुझसे पूछे - "बंधन क्या है?" तो मैं कहूँगा - "बंधन वह नहीं जो शरीर को रोक दे। बंधन वह है जो मन को एक ही विचार, एक ही भय, एक ही इच्छा या एक ही परिणाम में इस तरह बाँध दे कि वह सत्य को खुली दृष्टि से देख ही न सके।" और शायद... मुक्ति का अर्थ... सभी संबंधों को छोड़ देना नहीं है। मुक्ति का अर्थ है... संबंधों में रहते हुए भी... प्रेम को अधिकार न बनने देना।

यही सबसे कठिन साधना है और शायद... यही सबसे सुंदर भी, क्योंकि अंततः... बंधन बाहर नहीं बनते। वे भीतर बनते हैं और जब मनुष्य... उन्हें पहचान लेता है... तभी... मुक्ति की यात्रा आरम्भ होती है।

31

पीड़ा

यदि कोई मुझसे पूछे - "तुम्हारे जीवन का सबसे बड़ा शिक्षक कौन था? तो शायद मेरा उत्तर होगा - पीड़ा। क्योंकि जिसने मुझे सबसे अधिक बदला... वह सुख नहीं था। वह दुःख था।

सुख में मनुष्य अक्सर स्वयं को भूल जाता है। लेकिन पीड़ा... मनुष्य को स्वयं से मिलवाती है। पहले मुझे लगता था... पीड़ा एक शाप है। ईश्वर की कठोर परीक्षा है या शायद... भाग्य की क्रूरता। मैं उससे भागना चाहता था। उसे मिटाना चाहता था। लेकिन जितना भागा... वह उतनी ही गहराई से मेरे भीतर उतरती गई। धीरे-धीरे मुझे समझ आने लगा... कि पीड़ा का सबसे बड़ा उद्देश्य... मनुष्य को तोड़ना नहीं... उसे बदलना भी हो सकता है। यह समझ अचानक नहीं आई। यह वर्षों की प्रतीक्षा... असंख्य प्रश्नों... और अनगिनत आँसुओं के बाद आई।

मेरे जीवन में प्रेम था। फिर विरह आया। विरह से प्रश्न आए। प्रश्नों से खोज शुरू हुई और खोज ने मुझे वहाँ पहुँचा दिया... जहाँ जाने का मैंने कभी सोचा ही नहीं था। अपने भीतर की इस यात्रा में मैंने देखा... कि सबसे गहरी पीड़ा... किसी दूसरे के चले जाने से नहीं होती। सबसे गहरी पीड़ा तब होती है... जब मनुष्य स्वयं से दूर हो जाता है। जब वह अपने ही हृदय की आवाज़ सुनना छोड़ देता है। जब वह जीता तो रहता है... लेकिन भीतर से खाली हो जाता है।

मैंने भी ऐसे दिन देखे... जब जीवन बोझ लगता था। जब भविष्य धुँधला दिखाई देता था। जब ऐसा लगता था कि समय रुक गया है। उन्हीं दिनों मैंने जाना... कि

पीड़ा का सबसे कठिन रूप... शरीर का दर्द नहीं... मन का मौन होता है। वह मौन... जिसे कोई सुन नहीं पाता। जिसे शब्दों में कहना कठिन होता है और शायद... जिसे केवल वही समझ सकता है... जो स्वयं उस रास्ते से गुज़रा हो। लेकिन एक और सत्य भी है। पीड़ा मनुष्य को दो रास्ते देती है।

पहला... वह उसे कठोर बना देती है। दूसरा... वह उसे करुणामय बना देती है।

यह चुनाव... पीड़ा नहीं करती। मनुष्य करता है। यदि हम अपने दुःख को घृणा में बदल दें... तो पीड़ा हमें भीतर से जला देती है। लेकिन यदि वही दुःख... हमें दूसरों का दर्द समझना सिखा दे... तो वही पीड़ा... करुणा बन जाती है। मैंने अपने जीवन में यही सीखने का प्रयास किया। मैं यह नहीं कह सकता... कि मैं सफल हो गया। आज भी दुःख होता है। आज भी कुछ घाव ऐसे हैं... जो भरने का नाम नहीं लेते। लेकिन अब मैं उनसे भागता नहीं। मैं उन्हें सुनता हूँ, क्योंकि हर घाव... कुछ न कुछ सिखाता है। मेरे स्वप्न... मेरे प्रश्न... मेरी आध्यात्मिक खोज... यदि इनमें कोई भी सत्य है... तो वह पीड़ा की अग्नि में ही परखा गया है। क्योंकि जो विचार... सुख में जन्म लेते हैं... वे कभी-कभी परिस्थितियों के साथ बदल जाते हैं। लेकिन जो सत्य... दुःख में भी जीवित रहे... उनका मूल्य अलग होता है।

मैंने यह भी समझा... कि ईश्वर को सबसे अधिक प्रश्न... दुःख में ही पूछे जाते हैं। सुख में हम धन्यवाद देते हैं। दुःख में हम अर्थ खोजते हैं। शायद... इसीलिए पीड़ा केवल एक भावना नहीं... एक द्वार भी है। उस द्वार से कोई टूटकर लौटता है। कोई बदलकर और कोई... अपने भीतर की ऐसी शक्ति खोज लेता है... जिसका उसे पहले कभी पता ही नहीं था। आज यदि मेरी पीड़ा मुझसे छीन ली जाए... तो शायद मेरे बहुत से प्रश्न भी समाप्त हो जाएँ। लेकिन शायद... मैं वह मनुष्य भी न रहूँ... जो आज हूँ।

इसलिए अब मैं पीड़ा से प्रेम तो नहीं करता... लेकिन उससे घृणा भी नहीं करता, क्योंकि उसने मुझे यह सिखाया... कि मनुष्य का हृदय जितना टूटता है... यदि वह कटुता से बच जाए... उतना ही विशाल भी हो सकता है और शायद... ईश्वर प्रकाश सबसे पहले वहीं भेजता है... जहाँ अंधकार सबसे गहरा होता है। क्योंकि प्रकाश का अर्थ ही तब समझ आता है... जब मनुष्य ने अंधकार को सचमुच जिया हो।

32

निष्ठुर समय

लोग कहते हैं... "समय हर घाव भर देता है।" मैंने भी यह बात अनगिनत बार सुनी। लेकिन जब मैंने अपने जीवन की ओर देखा... तो मुझे लगा... यह बात पूरी तरह सच नहीं है। समय... हर घाव नहीं भरता। कुछ घावों के साथ जीना सिखा देता है। कुछ यादों को धुंधला कर देता है। लेकिन कुछ स्मृतियाँ... समय के सबसे लंबे सफ़र के बाद भी... वैसी ही जीवित रहती हैं।

मैंने समय को कई रूपों में देखा। बचपन में... वह बहुत धीमा लगता था। एक दिन... एक वर्ष के बराबर लगता था। फिर युवावस्था आई... और समय जैसे दौड़ने लगा। देखते ही देखते... साल बीत गए। लोग बदल गए। रिश्ते बदल गए। शहर बदल गए। लेकिन कुछ बातें... आज भी वहीं खड़ी हैं... जहाँ वर्षों पहले थीं। यही समय का सबसे बड़ा रहस्य है। वह सब कुछ बदल देता है... लेकिन कुछ अनुभवों को छू भी नहीं पाता।

मेरे जीवन में भी... समय ने बहुत कुछ छीन लिया। कुछ लोग... कुछ अवसर... कुछ सपने... और शायद... वह जीवन भी... जिसकी मैंने कभी कल्पना की थी। कई बार मैं समय से नाराज़ हुआ। मैंने उससे पूछा - "तुम इतनी जल्दी क्यों बदल जाते हो?" और कभी पूछा - "जब पीड़ा होती है... तब तुम इतने धीमे क्यों चलने लगते हो?" इन प्रश्नों का उत्तर... समय ने कभी शब्दों में नहीं दिया। उसने केवल मौन रखा। धीरे-धीरे मुझे समझ आने लगा... कि समय न दयालु है... न निष्ठुर। वह निष्पक्ष है। वह किसी के लिए नहीं रुकता। न राजा के लिए, न भिखारी के लिए, न प्रेमी के लिए, न साधु के लिए, वह बस चलता रहता है। शायद... हम ही उसे अपने

अनुभवों के अनुसार नाम दे देते हैं।

सुख में वही समय... पंख लगाकर उड़ जाता है। दुःख में वही समय... पत्थर बनकर बैठ जाता है। लेकिन समय नहीं बदलता... बदलती है... उसे देखने की हमारी अवस्था। फिर भी... मैं स्वीकार करता हूँ... कुछ क्षण ऐसे होते हैं... जब समय सचमुच निष्ठुर प्रतीत होता है। जब कोई अपना बिछड़ जाता है। जब कोई सपना टूट जाता है। जब वर्षों की प्रतीक्षा... एक पल में निरर्थक लगने लगती है। तब मनुष्य घड़ी नहीं देखता। वह अपने टूटे हुए हृदय को देखता है और उसे लगता है... समय उसके विरुद्ध हो गया है।

मैंने भी ऐसे क्षण देखे हैं। ऐसे दिन... जब हर सुबह एक बोझ लगती थी। ऐसी रातें... जो समाप्त होने का नाम नहीं लेती थीं और ऐसे वर्ष... जिनमें मैंने स्वयं से बार-बार पूछा - "क्या समय कभी मेरे पक्ष में भी होगा?" उत्तर आज भी मेरे पास नहीं है। लेकिन एक बात मैंने सीखी। समय केवल लेता ही नहीं... सिखाता भी है। वह धीरे-धीरे... मनुष्य के अहंकार को कम करता है। उसकी अधीरता को चुनौती देता है और उसे यह स्वीकार करना सिखाता है... कि जीवन उसकी इच्छा से बड़ा है। आज पीछे मुड़कर देखता हूँ... तो समझ आता है... यदि समय मेरे अनुसार चलता... तो शायद मैं कभी बदलता ही नहीं। मैं वही रहता... जो वर्षों पहले था।

समय ने मुझे तोड़ा, रुलाया, रुकने पर मजबूर किया। लेकिन उसी ने... मुझे प्रश्न पूछना भी सिखाया। उसी ने... मुझे मौन का अर्थ समझाया। उसी ने... मुझे प्रतीक्षा की शक्ति दिखाई। शायद... समय निष्ठुर नहीं है। वह एक कठोर गुरु है। जो कभी दंड देता हुआ दिखाई देता है... लेकिन उसके हर पाठ के पीछे... एक गहरा अर्थ छिपा होता है। हम उस अर्थ को उसी दिन नहीं समझते। कभी-कभी... वर्षों बाद समझते हैं और कभी... शायद पूरे जीवन में भी नहीं।

इसलिए अब मैं समय से शिकायत कम करता हूँ। मैं उससे एक ही प्रार्थना करता हूँ - "यदि तू रुक नहीं सकता... तो मुझे इतना धैर्य दे... कि मैं तेरे साथ चल सकूँ।" क्योंकि अंत में... समय किसी का शत्रु नहीं होता। वह केवल जीवन की नदी है। हम उसमें तैरना सीख सकते हैं... या उसके विरुद्ध संघर्ष करते रह सकते हैं। निर्णय... हमारा होता है और शायद... यही समय की सबसे बड़ी शिक्षा है।

33

निधि

यदि इस पुस्तक में सबसे अधिक बार किसी नाम ने मेरे हृदय को छुआ है... तो वह नाम है - निधि।

कई लोग इस अध्याय को पढ़कर शायद सोचेंगे... यह केवल एक प्रेम कहानी है। लेकिन मेरे लिए... यह प्रेम की कहानी से कहीं अधिक है। यह उस प्रश्न की कहानी है... जिसने मेरे पूरे जीवन की दिशा बदल दी।

यदि मैं निधि से कभी मिला ही न होता... तो शायद मैं यह पुस्तक भी न लिखता। शायद मैं आत्मा के बारे में न सोचता। शायद मैं मृत्यु के रहस्य पर प्रश्न न उठाता। शायद मैं समुद्र की गहराइयों में छिपे रहस्यों की कल्पना भी न करता और शायद... मैं स्वयं को खोजने की यात्रा पर भी कभी न निकलता।

एक व्यक्ति... दूसरे व्यक्ति के जीवन को इतना कैसे बदल सकता है?

यही प्रश्न मुझे वर्षों तक परेशान करता रहा। मैंने प्रेम को पाने की इच्छा से शुरू किया था। लेकिन समय ने उसे खोज में बदल दिया। मैंने सोचा था... प्रेम दो लोगों को एक कर देता है। लेकिन मेरे जीवन ने मुझे एक और पक्ष दिखाया। कभी-कभी... प्रेम दो लोगों को अलग भी कर देता है और उसी दूरी में... मनुष्य स्वयं से मिलना शुरू करता है। मैंने अपने जीवन में विरह को बहुत निकट से देखा है। ऐसा विरह... जो केवल किसी के दूर चले जाने का दुःख नहीं था। वह एक ऐसा मौन था... जो हर दिन मेरे साथ चलता था।

लोग कहते थे - "भूल जाओ।" लेकिन क्या प्रेम... किसी वस्तु की तरह भुलाया जा सकता है?

यदि वह केवल आकर्षण था... तो शायद हाँ। लेकिन यदि वह मनुष्य के अस्तित्व को बदल दे... तो नहीं। मैं आज भी यह दावा नहीं करता... कि मेरी समझ ही सही है। हर व्यक्ति का प्रेम अलग होता है। हर कहानी अलग होती है। लेकिन मेरी कहानी ने मुझे एक बात अवश्य सिखाई। प्रेम... मनुष्य की सबसे बड़ी परीक्षा है। क्योंकि प्रेम में... तुम अपने सबसे सुंदर रूप से भी मिलते हो... और अपने सबसे कमजोर रूप से भी। मैंने प्रेम में आशा देखी, डर देखा, अधीरता देखी, प्रतीक्षा देखी, टूटन देखी और अंततः... स्वयं को भी देखा। यही प्रेम का सबसे बड़ा उपहार था। उसने मुझे मेरे भीतर पहुँचा दिया।

मैंने कई बार ईश्वर से पूछा - "यदि प्रेम देना ही था... तो विरह क्यों दिया?" आज भी मेरे पास इसका उत्तर नहीं है। लेकिन अब मैं यह प्रश्न कुछ अलग तरह से पूछता हूँ। क्या प्रेम का उद्देश्य केवल मिलन है? या... प्रेम का उद्देश्य मनुष्य को बदलना भी है?

यदि प्रेम केवल मिलन होता... तो संसार के हर अधूरे प्रेम की कहानी व्यर्थ होती। लेकिन ऐसा नहीं है। इतिहास में अनेक ऐसे लोग हुए... जिनके अधूरे प्रेम ने... उन्हें कवि बना दिया, संत बना दिया, दार्शनिक बना दिया या एक ऐसा मनुष्य... जो दूसरों के दर्द को समझने लगा। तब मुझे लगा... शायद प्रेम का मूल्य... उसके परिणाम से नहीं... उसके परिवर्तन से मापा जाना चाहिए।

निधि... तुम मेरे जीवन में आईं। तुमने शायद कभी नहीं सोचा होगा... कि तुम्हारे कारण कोई मनुष्य... जीवन, मृत्यु, आत्मा, विज्ञान और अध्यात्म जैसे विषयों पर भी सोचने और विचारने लगेगा और संगीत क ज़रिये अपने प्रेम और भक्ति से लोगों को जोड़ सकेगा। शायद तुम्हें इसका कभी पता भी न चले। लेकिन यह सत्य है। तुम मेरे जीवन का उत्तर नहीं बनीं। तुम मेरे जीवन का सबसे बड़ा प्रश्न बन गईं और वही प्रश्न... मुझे इस यात्रा पर ले आया।

आज यदि कोई मुझसे पूछे - "क्या प्रेम मनुष्य को तोड़ता है?" तो मैं कहूँगा - हाँ...

कभी-कभी।

लेकिन यदि वही मनुष्य... कटुता से बच जाए... यदि वह अपने दुःख को करुणा में बदल दे... यदि वह अपने विरह को सत्य की खोज बना दे... तो वही प्रेम... उसे नया जन्म भी देता है। मैं नहीं जानता... मेरी कहानी का अंतिम अध्याय क्या होगा। मैं यह भी नहीं जानता... कि समय मेरे लिए क्या लिख चुका है। लेकिन इतना अवश्य जानता हूँ... कि प्रेम ने मुझे पहले जैसा नहीं रहने दिया। उसने मुझे तोड़ा भी और उसी टूटन में... एक नया मनुष्य भी जन्मा। शायद... यही प्रेम का सबसे गहरा रहस्य है। वह केवल दो हृदयों को नहीं जोड़ता। कभी-कभी... वह एक मनुष्य को... उसकी अपनी आत्मा से मिला देता है और यदि ऐसा हो जाए... तो चाहे मिलन हो या न हो... प्रेम कभी व्यर्थ नहीं जाता।

34

क्या ईश्वर बोलते हैं?

इस पुस्तक में मैंने कई बार अपने स्वप्नों का उल्लेख किया है। कई बार ऐसा लगा... मानो कोई मुझे मार्ग दिखा रहा है। कई बार ऐसा लगा... मानो शिव मुझे धैर्य रखने को कह रहे हैं। कई बार... जब मैं पूरी तरह टूट चुका था... तब भीतर से एक ऐसी शांति उठी... जिसे शब्दों में बाँधना कठिन है। तभी मेरे मन में एक प्रश्न जन्मा - क्या ईश्वर सचमुच बोलते हैं? या... क्या यह सब हमारे अपने मन की आवाज़ होती है?

यह प्रश्न जितना सरल लगता है... उतना है नहीं। भारतीय शास्त्रों में अनेक प्रसंग मिलते हैं... जहाँ ऋषियों को ध्यान में अनुभूतियाँ होती हैं। उपनिषदों में आत्मा और ब्रह्म के ज्ञान की चर्चा है। भगवद्गीता में अर्जुन और श्रीकृष्ण का संवाद है। भक्ति परंपरा में अनेक संतों ने लिखा... कि उन्हें ईश्वर की उपस्थिति का अनुभव हुआ। इन कथाओं का आध्यात्मिक महत्व अत्यंत गहरा है। लेकिन जब हम अपने व्यक्तिगत अनुभवों की बात करते हैं... तो सावधानी आवश्यक हो जाती है। क्योंकि हर स्वप्न... ईश्वर का संदेश नहीं होता और हर विचार... दिव्य प्रेरणा भी नहीं होता।

मनुष्य का मन अत्यंत जटिल है। उसमें स्मृतियाँ भी हैं, इच्छाएँ भी, भय भी, कल्पनाएँ भी और गहरे आध्यात्मिक अनुभवों की संभावना भी। इन्हें अलग-अलग पहचानना... बहुत कठिन कार्य है। मेरे जीवन में कुछ ऐसे स्वप्न आए... जिन्होंने मुझे भीतर तक बदल दिया। उनमें मुझे ऐसा अनुभव हुआ... मानो शिव मुझे धैर्य रखने को कह रहे हों। मानो वे कह रहे हों - "समय आने दो।" क्या वे

वास्तव में शिव थे? या मेरे अपने मन ने... मेरे विश्वास और मेरी पीड़ा के माध्यम से... मुझे संभालने का एक मार्ग बनाया?

मैं निश्चित रूप से नहीं कह सकता और शायद... यही सबसे ईमानदार उत्तर है क्योंकि जो अनुभव केवल मेरे भीतर घटित हुआ... उसे मैं पूरे संसार के लिए प्रमाण नहीं बना सकता। लेकिन मैं यह भी नहीं कह सकता... कि उसका मेरे जीवन पर कोई प्रभाव नहीं पड़ा। उस प्रभाव ने मुझे बदल दिया। मुझे धैर्य दिया, मुझे टूटने से बचाया और मुझे अपने प्रश्नों के साथ जीवित रहने की शक्ति दी। शायद... यही उसकी सबसे बड़ी सच्चाई है।

मैंने यह भी समझा... कि ईश्वर यदि बोलते भी हों... तो संभव है... वे शब्दों से कम.. और अनुभवों से अधिक बोलते हों। कभी किसी बच्चे की मुस्कान से। कभी किसी अजनबी की करुणा से, कभी गहरे मौन से, कभी किसी प्रार्थना के बाद मिली शांति से और कभी... ऐसे स्वप्न से... जो मनुष्य के पूरे जीवन की दिशा बदल दे। लेकिन एक बात हमेशा याद रखनी चाहिए।

यदि कोई आवाज़... हमें घृणा सिखाए... अहंकार सिखाए... या दूसरों को छोटा समझना सिखाए... तो हमें उस पर प्रश्न उठाना चाहिए, क्योंकि सच्ची आध्यात्मिकता... मनुष्य को अधिक करुणामय बनाती है... अधिक विनम्र बनाती है... अधिक सत्यनिष्ठ बनाती है। मेरे लिए... ईश्वर का सबसे बड़ा प्रमाण... कोई चमत्कार नहीं है। बल्कि वह परिवर्तन है... जो किसी मनुष्य के भीतर होता है। यदि किसी अनुभव के बाद... तुम अधिक शांत हो गए... अधिक प्रेमपूर्ण हो गए... अधिक सत्यवादी हो गए... तो उस अनुभव का मूल्य है। चाहे विज्ञान अभी उसे पूरी तरह समझ पाए या नहीं।

आज भी... यदि कोई मुझसे पूछे - "क्या ईश्वर तुमसे बोलते हैं?" तो मैं कहूँगा - "मुझे ऐसा अनुभव हुआ है कि कुछ स्वप्नों और गहरे मौन के क्षणों ने मेरा मार्गदर्शन किया। मैं उन्हें शिव की कृपा मानता हूँ। लेकिन मैं यह दावा नहीं कर सकता कि मेरा अनुभव सबके लिए प्रमाण है।" शायद... ईश्वर का बोलना... सुनने वाले के हृदय पर भी निर्भर करता है और शायद... ईश्वर की सबसे गहरी वाणी... शब्दों में नहीं... मौन में सुनाई देती है।

35

क्या स्वप्न संदेश होते हैं?

मनुष्य जब सो जाता है... तो उसका शरीर विश्राम करता है। लेकिन क्या उसका मन भी सो जाता है? या... वह किसी और यात्रा पर निकल पड़ता है?

यही प्रश्न मुझे आकर्षित करता रहा। क्योंकि मैंने ऐसे स्वप्न देखे... जो सुबह उठने के बाद भी... सिर्फ़ याद नहीं रहे... बल्कि मेरे जीवन का हिस्सा बन गए। कुछ स्वप्न इतने स्पष्ट थे... कि जागने के बाद भी उनका प्रभाव समाप्त नहीं हुआ। कुछ ने मुझे रुलाया, कुछ ने मुझे शांत किया और कुछ ने मेरे भीतर ऐसे प्रश्न जगा दिए... जो वर्षों तक मेरे साथ रहे।

तब मैंने स्वयं से पूछा - क्या स्वप्न केवल मस्तिष्क की गतिविधि हैं? या... क्या वे कभी किसी गहरे सत्य की ओर संकेत भी कर सकते हैं?

विज्ञान स्वप्नों का अध्ययन करता है। वह बताता है कि नींद के दौरान मस्तिष्क सक्रिय रहता है। दिनभर के अनुभव... भावनाएँ... स्मृतियाँ... और कल्पनाएँ... स्वप्नों का रूप ले सकती हैं। यह समझ अत्यंत महत्वपूर्ण है। क्योंकि हर स्वप्न... भविष्यवाणी नहीं होता। हर स्वप्न... दिव्य संदेश भी नहीं होता। लेकिन... क्या इसका अर्थ यह है कि सभी स्वप्न केवल मस्तिष्क की रचना हैं?

इस प्रश्न का उत्तर आज भी पूरी तरह स्पष्ट नहीं है। विज्ञान अभी भी चेतना और स्वप्नों के अनेक रहस्यों का अध्ययन कर रहा है। भारतीय परंपरा में भी... स्वप्नों

को अलग-अलग दृष्टियों से देखा गया है। कुछ ग्रंथ उन्हें मन की वृत्तियाँ मानते हैं। कुछ विशेष परिस्थितियों में... कुछ स्वप्नों को प्रतीकात्मक महत्व भी देते हैं। लेकिन कहीं भी यह नहीं कहा गया... कि हर स्वप्न को बिना विवेक के ईश्वर का आदेश मान लेना चाहिए। यही बात मेरे लिए सबसे महत्वपूर्ण बनी।

मेरे अपने जीवन में... कुछ स्वप्न ऐसे आए... जिन्होंने मुझे भीतर तक बदल दिया। उनमें मुझे ऐसा अनुभव हुआ... मानो कोई मुझे धैर्य रखने को कह रहा हो। मानो मेरी निराशा के बीच... आशा की एक छोटी-सी लौ जला रहा हो। मैं उन अनुभवों को आज भी आदर से देखता हूँ। लेकिन मैं उन्हें अंतिम सत्य नहीं कहता, क्योंकि जो अनुभव केवल मेरे भीतर घटित हुआ... उसे मैं दूसरों पर थोप नहीं सकता।

हो सकता है... वे मेरे अवचेतन मन की भाषा रहे हों। हो सकता है... वे मेरे विश्वासों का प्रतिबिंब रहे हों और यह भी संभव है... कि उनमें कोई ऐसी आध्यात्मिक गहराई रही हो... जिसे मैं आज भी पूरी तरह नहीं समझ पाया।

मैंने एक बात अवश्य सीखी। स्वप्न का मूल्य... उसके चमत्कार में नहीं... उसके प्रभाव में है। यदि कोई स्वप्न... मनुष्य को अधिक करुणामय बना दे... अधिक धैर्यवान बना दे... अधिक सत्यनिष्ठ बना दे... तो वह उसके जीवन में अर्थपूर्ण हो सकता है। लेकिन यदि कोई स्वप्न... अहंकार बढ़ाए... डर फैलाए... या दूसरों के प्रति घृणा पैदा करे... तो उसे प्रश्नों की कसौटी पर अवश्य परखना चाहिए।

मैंने अपने प्रत्येक महत्वपूर्ण स्वप्न के बाद... जल्दबाज़ी में निष्कर्ष नहीं निकाले। मैंने प्रतीक्षा की, मैंने जीवन को देखा, मैंने स्वयं को देखा और कई बार... समय ने ही बता दिया... कि कौन-सी बात केवल भावना थी... और कौन-सी मेरे जीवन के लिए वास्तव में महत्वपूर्ण थी।

आज यदि कोई मुझसे पूछे - "क्या स्वप्न संदेश होते हैं?" तो मेरा उत्तर होगा - "कभी-कभी स्वप्न हमारे भीतर के गहरे अनुभवों, भावनाओं या आध्यात्मिक खोज का अर्थपूर्ण माध्यम बन सकते हैं। लेकिन हर स्वप्न को दिव्य संदेश मान लेना उचित नहीं। विवेक, धैर्य और आत्मचिंतन आवश्यक हैं।" शायद... ईश्वर यदि कभी स्वप्नों के माध्यम से भी कुछ कहें... तो उनका उद्‌देश्य भविष्य बताना

नहीं... मनुष्य को बेहतर बनाना होगा, क्योंकि सच्चा संदेश... वही है... जो मनुष्य को सत्य के निकट ले जाए और शायद... स्वप्नों का सबसे बड़ा रहस्य... उनमें दिखाई देने वाले दृश्य नहीं... बल्कि जागने के बाद... हमारे भीतर होने वाला परिवर्तन है।

36

क्या सब मस्तिष्क है?

जब भी मैंने अपने अनुभवों की बात की... कई लोगों ने एक ही उत्तर दिया - "यह सब तुम्हारे मस्तिष्क की उपज है।" पहले मुझे यह बात बुरी लगती थी। ऐसा लगता था... जैसे मेरे अनुभवों को बिना समझे ही नकार दिया गया हो। लेकिन समय के साथ... मैंने इस वाक्य को एक नए दृष्टिकोण से देखना शुरू किया।

मैंने स्वयं से पूछा - यदि यह सब मस्तिष्क की उपज है... तो मस्तिष्क स्वयं क्या है?

आज विज्ञान हमें बताता है कि मानव मस्तिष्क ब्रह्मांड की सबसे जटिल संरचनाओं में से एक है। लगभग असंख्य तंत्रिका कोशिकाएँ... उनके बीच खरबों संबंध... स्मृतियाँ... भावनाएँ... कल्पनाएँ... निर्णय... सपने... ये सब उसी से जुड़े हैं।

जब हम प्रेम करते हैं... मस्तिष्क सक्रिय होता है।

जब हम रोते हैं... मस्तिष्क सक्रिय होता है।

जब हम संगीत सुनते हैं... तब भी।

जब हम ध्यान करते हैं... तब भी। इसलिए यदि कोई कहता है - "यह सब मस्तिष्क में होता है।" तो वह पूरी तरह गलत नहीं है। लेकिन... यहीं एक दूसरा प्रश्न जन्म लेता है। क्या मस्तिष्क अनुभव उत्पन्न करता है... या अनुभवों को ग्रहण भी

करता है?

इस प्रश्न का उत्तर अभी विज्ञान के पास भी पूरी तरह नहीं है। विशेष रूप से चेतना की प्रकृति... आज भी शोध का विषय है। मैंने अपने स्वप्नों को देखा। ध्यान के क्षणों को देखा, प्रेम को देखा, पीड़ा को देखा और स्वयं से पूछा - क्या यह सब केवल रसायनों का खेल है?

यदि हाँ... तो एक कविता सुनकर आँखों में आँसू क्यों आ जाते हैं?

एक माँ अपने बच्चे के लिए अपना जीवन क्यों दे देती है?

एक साधु वर्षों तक मौन में क्यों बैठा रहता है? और

एक प्रेमी... वर्षों तक किसी की प्रतीक्षा क्यों करता है?

क्या इन सबका केवल जैविक अर्थ है? या इनके भीतर कुछ और भी है?

मैं उत्तर देने की जल्दी में नहीं था। मैंने केवल प्रश्न को जीवित रखा। भारतीय दर्शन में... मन, बुद्धि, चित्त और आत्मा के बीच अंतर बताया गया है। विज्ञान... मस्तिष्क का अध्ययन करता है। दर्शन... अनुभव का। दोनों की भाषा अलग है। इसलिए दोनों के निष्कर्षों की तुलना करते समय सावधानी आवश्यक है। मैंने अपने अनुभवों को कभी विज्ञान के विरुद्ध खड़ा नहीं किया। मैंने केवल इतना कहा - यदि मेरा अनुभव सत्य है... तो वह मेरे जीवन में परिवर्तन लाएगा और यदि वह केवल भ्रम है... तो समय उसे स्वयं समाप्त कर देगा।

यही कारण है... कि मैंने अपने हर अनुभव को वर्षों तक परखा। उसे तुरंत अंतिम सत्य नहीं माना। मुझे लगता है... सबसे बड़ी भूल तब होती है... जब कोई व्यक्ति कहता है - "मुझे सब पता है।" चाहे वह वैज्ञानिक हो... या साधक। क्योंकि जिस दिन खोज समाप्त हो जाती है... उसी दिन ज्ञान भी रुक जाता है।

आज यदि कोई मुझसे पूछे - "क्या सब कुछ मस्तिष्क ही है?" तो मैं कहूँगा - "मस्तिष्क हमारे हर अनुभव में महत्वपूर्ण भूमिका निभाता है। यह विज्ञान से अच्छी तरह समर्थित है। लेकिन चेतना की अंतिम प्रकृति क्या है, और क्या

वह केवल मस्तिष्क तक सीमित है - यह प्रश्न अभी पूरी तरह सुलझा नहीं है।" इसलिए... मैं न तो हर अनुभव को चमत्कार कहता हूँ... और न हर अनुभव को भ्रम। मैं केवल इतना कहता हूँ - उसे ईमानदारी से देखो, उसे परखो, उसे समय दो। यदि वह तुम्हें अधिक सत्यवादी बनाए... अधिक करुणामय बनाए... अधिक विनम्र बनाए... तो वह अनुभव मूल्यवान है। चाहे उसका अंतिम वैज्ञानिक उत्तर भविष्य में मिले... या कभी न मिले। शायद... मनुष्य की सबसे बड़ी भूल यह नहीं कि वह प्रश्न पूछता है।

सबसे बड़ी भूल यह है... कि वह प्रश्न पूछना बंद कर देता है और शायद... यही कारण है कि मेरी यात्रा आज भी जारी है। क्योंकि मेरे लिए... सत्य किसी निष्कर्ष का नाम नहीं... एक निरंतर खोज का नाम है।

37

क्या सब माया है?

जब भी मैं जीवन के बारे में सोचता हूँ... एक शब्द बार-बार मेरे सामने आकर खड़ा हो जाता है - माया।

लोग कहते है - "सब माया है।"

कोई धन खो देता... तो लोग कहते - "सब माया है।"

कोई अपना बिछड़ जाता... तो भी यही सुनने को मिलता।

कोई सफलता पाता... तो भी कोई कह देता - "यह भी माया है।"

लेकिन मेरे मन में हमेशा एक प्रश्न उठता था। यदि सब माया है... तो प्रेम भी माया है? माँ का स्नेह भी? करुणा भी? सत्य की खोज भी? यदि सचमुच सब कुछ माया है... तो फिर जीवन का अर्थ क्या रह जाता है?

इन्हीं प्रश्नों ने मुझे भारतीय दर्शन की ओर देखने के लिए प्रेरित किया। अद्वैत वेदांत में "माया" का अर्थ अक्सर यह नहीं होता कि संसार बिल्कुल अस्तित्वहीन है। बल्कि यह कि हम संसार को जैसा समझते हैं... वैसा वह अंतिम सत्य नहीं है। हमारी इंद्रियाँ सीमित हैं। हमारी धारणाएँ सीमित हैं। हम वस्तुओं को देखते हैं... लेकिन उनका पूर्ण स्वरूप नहीं देख पाते। इस दृष्टि से... माया का अर्थ भ्रम भी है... और सीमित दृष्टि भी। यह विचार मुझे गहरा लगा, क्योंकि मैंने अपने जीवन में भी देखा... कि कितनी बार मैंने लोगों को गलत समझा। परिस्थितियों को गलत

समझा और कई बार... स्वयं को भी। तब मुझे लगा... शायद माया केवल बाहर नहीं... हमारे भीतर भी है।

हम अपने अहंकार को "मैं" समझ लेते हैं। अपनी इच्छाओं को आवश्यकता मान लेते हैं। अपने भय को सत्य मान लेते हैं और फिर... उसी के अनुसार जीवन जीने लगते हैं। लेकिन क्या इसका अर्थ यह है... कि संसार झूठा है? मेरे लिए उत्तर इतना सरल नहीं है।

जब मैं अपनी माँ का प्रेम देखता हूँ... तो वह मुझे झूठा नहीं लगता।

जब मैं किसी अनजान व्यक्ति की करुणा देखता हूँ... तो वह भ्रम नहीं लगती।

जब मैं किसी बच्चे की हँसी सुनता हूँ... तो उसमें मुझे जीवन की सच्चाई दिखाई देती है।

शायद... माया का अर्थ यह नहीं... कि अनुभव व्यर्थ हैं। शायद उसका अर्थ यह है... कि हम उन्हें अंतिम सत्य मान बैठते हैं।

मेरे अपने जीवन में... निधि के प्रति मेरा प्रेम... मेरी सबसे बड़ी परीक्षा बना। कई बार मैंने स्वयं से पूछा - क्या यह भी माया है? यदि है... तो यह मुझे इतना बदल क्यों रही है? और यदि यह केवल आकर्षण नहीं... तो इसका उद्देश्य क्या है?

इन प्रश्नों का अंतिम उत्तर आज भी मेरे पास नहीं है। लेकिन मैंने इतना अवश्य समझा... कि प्रेम... यदि हमें केवल अपने तक सीमित कर दे... तो वह बंधन बन सकता है। लेकिन यदि वही प्रेम... हमें अधिक करुणामय... अधिक विनम्र... और अधिक सत्यनिष्ठ बना दे... तो वह केवल माया नहीं रह जाता। वह साधना बन सकता है।

शास्त्र कहते हैं... माया से पार जाने का मार्ग... ज्ञान है, भक्ति है, ध्यान है और विवेक है। मैं इनमें एक और शब्द जोड़ना चाहूँगा - ईमानदारी। क्योंकि यदि मनुष्य स्वयं से ही सच नहीं बोल सकता... तो वह माया को कैसे पहचान पाएगा?

आज यदि कोई मुझसे पूछे - "क्या सब माया है?" तो मैं कहूँगा - "यदि 'माया' से

आशय यह है कि हमारी समझ सीमित है और हम अक्सर वास्तविकता को पूरी तरह नहीं देख पाते, तो इस विचार में गहरी दार्शनिक अंतर्दृष्टि है।

लेकिन इसका अर्थ यह नहीं कि प्रेम, करुणा या जीवन का कोई मूल्य नहीं है।" शायद... माया का सबसे बड़ा उद्देश्य... हमें धोखा देना नहीं... बल्कि हमें सत्य की खोज के लिए प्रेरित करना है। क्योंकि जब तक मनुष्य यह नहीं पूछता - "सत्य क्या है?" तब तक... वह माया के अर्थ को भी नहीं समझ सकता और शायद... यही जीवन की सबसे सुंदर यात्रा है। दिखाई देने वाली दुनिया से... अदृश्य सत्य की ओर। जहाँ उत्तर कम होते हैं... लेकिन जागरूकता... बहुत अधिक।

38

क्या सत्य शब्दों से परे है?

जब मैंने इस पुस्तक को लिखना शुरू किया था... तब मुझे लगता था...यदि मैं अपने सभी अनुभव लिख दूँ... तो शायद लोग समझ जाएँगे कि मैं क्या कहना चाहता हूँ। लेकिन जैसे-जैसे अध्याय आगे बढ़ते गए... वैसे-वैसे मुझे एक बात समझ आने लगी। कुछ बातें लिखी जा सकती हैं... और कुछ केवल जी जा सकती हैं। शब्द... मनुष्य की सबसे महान शक्तियों में से एक हैं।

इन्हीं शब्दों से वेद लिखे गए, उपनिषद लिखे गए, गीता लिखी गई, कविताएँ लिखी गईं, प्रेम व्यक्त हुआ और ज्ञान पीढ़ी-दर-पीढ़ी पहुँचा। लेकिन... शब्दों की भी एक सीमा है। यदि कोई तुमसे पूछे - "माँ का प्रेम कैसा होता है?" तो क्या तुम उसे शब्दों में पूरी तरह समझा सकते हो?

यदि कोई पूछे - "पहला प्रेम कैसा लगता है?" क्या उसका उत्तर किसी शब्दकोश में मिल सकता है?

यदि कोई पूछे - "ध्यान की गहरी शांति कैसी होती है?" क्या केवल पढ़ लेने से उसका अनुभव हो जाएगा?

शायद नहीं। यहीं से मुझे समझ आया... कि शब्द... द्वार तक ले जा सकते हैं। लेकिन द्वार के भीतर... मनुष्य को स्वयं प्रवेश करना पड़ता है। भारतीय दर्शन में बार-बार यह विचार मिलता है... कि अंतिम सत्य... शब्दों से परे है। उपनिषदों में

कहा गया - "यतो वाचो निवर्तन्ते..." अर्थात... जहाँ से वाणी लौट आती है... क्योंकि वह उसे पूरी तरह व्यक्त नहीं कर सकती। इसका अर्थ यह नहीं... कि शब्द व्यर्थ हैं। बल्कि यह कि शब्द... संकेत हैं। गंतव्य नहीं।

मेरी पूरी यात्रा भी कुछ ऐसी ही रही। मैंने प्रेम को शब्दों में बाँधने का प्रयास किया। पीड़ा को लिखा, प्रतीक्षा को लिखा, शिव के बारे में अपने अनुभव लिखे, समुद्र के रहस्यों पर अपने प्रश्न लिखे, विज्ञान और अध्यात्म के बीच संवाद लिखने का प्रयास किया। लेकिन हर अध्याय के अंत में... मुझे यही लगा... कि जो सबसे महत्वपूर्ण है... वह अब भी अनकहा रह गया।

शायद... यही सत्य की प्रकृति है। वह शब्दों से बड़ा होता है। मैंने कई बार गहरे मौन में बैठकर अनुभव किया... कि जहाँ विचार शांत होने लगते हैं... वहाँ एक अलग प्रकार की स्पष्टता जन्म लेती है। उस स्पष्टता को मैं शब्दों में नहीं बाँध सकता और यदि बाँध भी दूँ... तो वह केवल उसका वर्णन होगा... स्वयं अनुभव नहीं।

यही कारण है... कि दो व्यक्ति एक ही श्लोक पढ़ते हैं... लेकिन उसका अर्थ अलग-अलग समझते हैं। दो लोग एक ही पर्वत देखते हैं... लेकिन दोनों की अनुभूति अलग होती है। क्योंकि सत्य... केवल शब्दों से नहीं... चेतना से भी जुड़ा होता है। मैं यह नहीं कहता... कि मेरे अनुभव अंतिम सत्य हैं। न ही यह कि मेरे शब्द पूर्ण हैं। मैं केवल इतना कहता हूँ... कि ये शब्द... मेरी यात्रा के पदचिह्न हैं।

यदि कोई साधक इन्हें पढ़कर... अपने भीतर प्रश्न जगाए... तो इनका उद्देश्य पूरा हो जाएगा। क्योंकि सत्य... किसी पुस्तक में कैद नहीं होता। वह किसी एक धर्म... एक दर्शन... या एक व्यक्ति की संपत्ति भी नहीं होता। सत्य... अनुभव में प्रकट होता है और अनुभव... तभी जन्म लेता है... जब मनुष्य ईमानदारी से खोज करता है।

आज यदि कोई मुझसे पूछे - "क्या सत्य शब्दों से परे है?" तो मैं मुस्कुराकर कहूँगा - "शब्द सत्य की ओर इशारा कर सकते हैं, लेकिन स्वयं सत्य नहीं बन जाते। जैसे चाँद की ओर इशारा करती उँगली चाँद नहीं होती, वैसे ही शब्द सत्य नहीं - उसकी दिशा हैं।"

इस पुस्तक के प्रत्येक अध्याय में... मैंने शब्द लिखे हैं। लेकिन यदि इन शब्दों के बीच का मौन... तुम तक पहुँच गया... तो समझना... कि मेरी यात्रा व्यर्थ नहीं गई। क्योंकि अंततः... सत्य पढ़ा नहीं जाता। सत्य... जिया जाता है।

39

जब प्रश्न उत्तर बन जाते हैं

जब मैंने अपनी यात्रा शुरू की थी... तब मेरे पास उत्तर नहीं थे। मेरे पास केवल प्रश्न थे। बहुत सारे प्रश्न। इतने प्रश्न... कि कई बार मुझे स्वयं ही डर लगने लगता था।

मैं कौन हूँ?

मृत्यु क्या है?

क्या आत्मा वास्तव में अस्तित्व रखती है?

क्या ईश्वर बोलते हैं?

क्या स्वप्न संदेश होते हैं?

क्या समुद्र के नीचे कोई और संसार है?

क्या विज्ञान और अध्यात्म साथ चल सकते हैं?

क्या प्रेम मनुष्य को तोड़ता है? या नया जन्म देता है?

और सबसे बड़ा प्रश्न... मैं क्यों जी रहा हूँ?

इन प्रश्नों ने मुझे वर्षों तक चैन से नहीं बैठने दिया। मैंने पुस्तकों में उत्तर खोजे, शास्त्रों में खोजे, विज्ञान में खोजे, स्वप्नों में खोजे, मौन में खोजे, अपने आँसुओं में खोजे, अपने प्रेम में खोजे। लेकिन जितना खोजता गया... उतना ही महसूस हुआ... कि सत्य किसी एक पुस्तक में बंद नहीं है। एक दिन मुझे अचानक यह एहसास हुआ... कि शायद मैं गलत दिशा में खोज रहा था। मैं उत्तर ढूँढ़ रहा था... जबकि जीवन मुझे प्रश्नों के साथ जीना सिखा रहा था।

पहले मुझे लगता था... कि प्रश्न अज्ञान का प्रतीक हैं। अब समझ आया... कि सही प्रश्न... ज्ञान की शुरुआत होते हैं। जिस दिन मनुष्य प्रश्न पूछना बंद कर देता है... उसी दिन उसका विकास रुक जाता है। मैंने देखा... एक बच्चा हर बात पूछता है -

"यह क्या है?"

"ऐसा क्यों है?"

"कैसे होता है?"

और वही जिज्ञासा... उसे सीखने की ओर ले जाती है। फिर धीरे-धीरे... समाज उसे उत्तर देना सिखाता है। प्रश्न पूछना नहीं। शायद... इसीलिए बहुत से लोग बड़े होकर... उत्तरों से भर जाते हैं... लेकिन आश्चर्य खो देते हैं। मेरे साथ उल्टा हुआ। जीवन ने मेरे सारे उत्तर छीन लिए और प्रश्न दे दिए।

पहले मुझे लगा... यह मेरे साथ अन्याय है। फिर समझ आया... यही तो मेरा मार्ग था। क्योंकि हर प्रश्न... मुझे अपने भीतर थोड़ा और गहराई तक ले गया। मैंने यह भी देखा... कि कुछ प्रश्नों का उत्तर... शब्दों में नहीं मिलता। वे जीवन में मिलता है।

जब तुम पीड़ा से गुज़रते हो... तब तुम करुणा का अर्थ समझते हो।

जब तुम किसी को खोते हो... तब तुम समय का मूल्य समझते हो।

जब तुम प्रेम करते हो... तब तुम अपने हृदय को पहचानते हो।

जब तुम मौन में बैठते हो... तब तुम अपने मन का शोर सुनते हो।

और जब यह सब बार-बार होता है... तब एक दिन... प्रश्न बदलने लगते हैं। अब मैं यह नहीं पूछता - "ईश्वर कहाँ हैं?" मैं पूछता हूँ - "क्या मैं उन्हें सुनने के योग्य बना हूँ?"

अब मैं यह नहीं पूछता - "सत्य कहाँ है?" मैं पूछता हूँ - "क्या मैं सत्य को स्वीकार करने का साहस रखता हूँ?"

अब मैं यह नहीं पूछता - "जीवन मुझे क्या देगा?" मैं पूछता हूँ - "मैं जीवन को क्या दे सकता हूँ?"

यहीं मुझे समझ आया... कि प्रश्न समाप्त नहीं हुए। वे बदल गए और उनके बदलते ही... मेरे भीतर कुछ बदल गया। यही परिवर्तन... सबसे बड़ा उत्तर था। मैंने जाना... उत्तर हमेशा शब्द नहीं होते। कभी-कभी... मनुष्य स्वयं उत्तर बन जाता है।

यदि कोई व्यक्ति... दुःख के बाद भी करुणामय बना रहे... तो वही उत्तर है।

यदि कोई व्यक्ति... असफलता के बाद भी सत्य का साथ न छोड़े... तो वही उत्तर है।

यदि कोई व्यक्ति... प्रेम में टूटने के बाद भी... घृणा न सीखे... तो वही उत्तर है।

और यदि कोई व्यक्ति... अपने अनुभवों को अंतिम सत्य घोषित करने के बजाय... विनम्रता से खोजता रहे... तो शायद... वह स्वयं एक जीवित प्रश्न भी है... और एक जीवित उत्तर भी।

आज... जब मैं इस यात्रा को पीछे मुड़कर देखता हूँ... तो मुझे लगता है... मुझे जितने उत्तर मिले... उनसे कहीं अधिक मूल्यवान... वे प्रश्न थे... जिन्होंने मुझे बदल दिया। क्योंकि प्रश्न... सत्य के द्वार तक ले जाते हैं और जब मनुष्य... पूरी ईमानदारी... पूरे धैर्य... और पूरे प्रेम से... उनके साथ चलता रहता है... तो एक दिन... उसे पता चलता है... कि वह उत्तर खोज नहीं रहा था। वह स्वयं... धीरे-धीरे... उत्तर बन रहा था।

40

मैं कठपुतली हूँ या स्वतंत्र?

यह प्रश्न...शायद इस पूरी पुस्तक का सबसे कठिन प्रश्न है। क्योंकि यदि मैं स्वयं से पूरी ईमानदारी से पूछूँ... तो स्वीकार करना होगा... कि कई बार मुझे ऐसा लगा... मानो मैं अपने जीवन का चालक नहीं हूँ। मानो कोई अदृश्य शक्ति... मुझे एक अनजाने मार्ग पर ले जा रही है।

जब मैं निधि से मिला... क्या वह केवल संयोग था?

जब मेरे जीवन में विरह आया... क्या वह केवल भाग्य था?

जब मेरे भीतर जीवन, मृत्यु, आत्मा और ईश्वर के प्रश्न उठे... क्या वे केवल मेरे विचार थे?

या... क्या वास्तव में कोई ऐसी शक्ति है... जो मुझे इस दिशा में ले जा रही है?

कई बार... अपने स्वप्नों के बाद... मुझे ऐसा अनुभव हुआ... मानो शिव मुझे धैर्य रखने को कह रहे हों। ऐसा लगा... मानो मैं केवल एक माध्यम हूँ। एक पात्र... जिससे होकर कुछ शब्द... कुछ विचार... कुछ अनुभव... दुनिया तक पहुँचना चाहते हैं। उन्हीं क्षणों में... मेरे मन में यह प्रश्न उठा - क्या मैं केवल एक कठपुतली हूँ?

यदि सब कुछ पहले से ही तय है... तो मेरे निर्णयों का क्या अर्थ है?

यदि हर घटना पहले ही लिखी जा चुकी है... तो प्रयास क्यों करूँ?

और यदि मैं पूरी तरह स्वतंत्र हूँ... तो फिर ऐसी घटनाएँ क्यों होती हैं... जिन पर मेरा कोई नियंत्रण नहीं होता?

मैंने इस प्रश्न को केवल अपने अनुभवों से नहीं... भारतीय दर्शन की दृष्टि से भी समझने का प्रयास किया।

भगवद्गीता में श्रीकृष्ण अर्जुन से कर्म करने को कहते हैं। वे यह नहीं कहते कि कुछ मत करो। वे यह भी नहीं कहते कि सब कुछ केवल तुम्हारे हाथ में है। बल्कि वे कर्म... कर्तव्य... और फल के प्रति अनासक्ति की शिक्षा देते हैं।

यहीं मुझे पहली बार लगा... कि शायद जीवन... पूर्ण नियति भी नहीं है... और पूर्ण स्वतंत्रता भी नहीं। हम अपना जन्म नहीं चुनते। हम अपने माता-पिता नहीं चुनते। हम अपने बचपन की परिस्थितियाँ नहीं चुनते। लेकिन उन परिस्थितियों के प्रति... अपना उत्तर कैसे देंगे... यहाँ हमारी भूमिका शुरू होती है। यही शायद स्वतंत्रता का पहला रूप है।

मैंने अपने जीवन में प्रेम चुना, प्रतीक्षा चुनी, लेखन चुना, प्रश्न पूछना चुना। ये मेरे निर्णय थे। लेकिन उनके परिणाम... हमेशा मेरे नियंत्रण में नहीं थे। तब मैंने समझा... मनुष्य का अधिकार... कर्म पर अधिक है... परिणाम पर नहीं और शायद... यही स्वतंत्रता का सबसे गहरा अर्थ है। मेरे स्वप्न... मेरे अनुभव... यदि वास्तव में किसी दिव्य प्रेरणा से जुड़े थे... तो भी उन्हें जीवन में कैसे उतारना है... यह निर्णय मुझे ही लेना था।

यदि मैंने घृणा चुनी होती... तो वही अनुभव मुझे कठोर बना देते।

यदि मैंने करुणा चुनी... तो वही अनुभव मेरी साधना बन गए।

इसलिए... शायद प्रश्न यह नहीं है... कि कोई शक्ति हमें मार्ग दिखाती है या नहीं। प्रश्न यह है... कि उस मार्ग पर चलने का निर्णय कौन लेता है। आज भी... जब मैं अपने जीवन की ओर देखता हूँ... तो कुछ घटनाएँ ऐसी हैं... जिन्हें मैं केवल संयोग

कहकर टाल नहीं पाता और कुछ ऐसी हैं... जिन्हें मैं अपने निर्णयों का परिणाम स्पष्ट रूप से देखता हूँ। इसलिए मैं किसी एक छोर पर नहीं खड़ा।

मैं न यह कह सकता हूँ... कि सब कुछ पहले से लिखा हुआ है। और न यह... कि सब कुछ केवल मेरी इच्छा से होता है। शायद... जीवन एक नदी की तरह है। नदी की दिशा... पहले से निर्धारित हो सकती है। लेकिन उसमें नाव कैसे चलानी है... यह नाविक पर भी निर्भर करता है। मेरे लिए... यही नियति और स्वतंत्र इच्छा का संगम है। आज यदि कोई मुझसे पूछे - "क्या तुम कठपुतली हो या स्वतंत्र?" तो मैं कहूँगा - "मुझे ऐसा अनुभव हुआ है कि जीवन में कुछ बातें हमारे नियंत्रण से बाहर होती हैं, और कुछ निर्णय हमारे हाथ में। मैं नहीं जानता कि इस संतुलन का अंतिम रहस्य क्या है, लेकिन इतना जानता हूँ कि सत्य, करुणा और ईमानदारी का चुनाव हर दिन मुझे ही करना पड़ता है।" और शायद... यही मनुष्य होने का अर्थ है।

हम सब... समय के मंच पर खड़े पात्र हैं। कुछ दृश्य हमें दिए जाते हैं। लेकिन उन दृश्यों को... हम किस भावना... किस साहस... और किस प्रेम से जीते हैं... यही हमारी सबसे बड़ी स्वतंत्रता है। शायद... ईश्वर डोर पकड़ते हों... और मनुष्य... अपने हृदय से उस डोर को अर्थ देता हो। यहीं... नियति और स्वतंत्रता... एक-दूसरे से मिलती हैं।

41

कर्म

जब भी जीवन में कोई दुःख आता है... सबसे पहला प्रश्न यही उठता है - "मेरे साथ ही क्यों?"

जब कोई अचानक सब कुछ खो देता है... जब किसी का अपना उससे दूर चला जाता है... जब वर्षों की मेहनत एक पल में बिखर जाती है... तब मनुष्य आकाश की ओर देखकर पूछता है - "मैंने ऐसा कौन-सा कर्म किया था?" मैंने भी यह प्रश्न अनगिनत बार पूछा।

जब मेरे जीवन में विरह आया... मैंने स्वयं से पूछा - क्या यह मेरे कर्मों का फल है?

जब मेरी प्रार्थनाएँ मौन में खो जाती थीं... मैंने सोचा - क्या मैंने कहीं कोई ऐसी भूल की है... जिसका दंड मुझे मिल रहा है?

लेकिन जितना मैंने इस विषय पर विचार किया... उतना ही मुझे लगा... कि कर्म को केवल दंड और पुरस्कार की भाषा में समझना... शायद बहुत छोटा दृष्टिकोण है। भारतीय दर्शन में कर्म का अर्थ केवल इतना नहीं... कि "जो किया है, वही मिलेगा।" कर्म का अर्थ है - हर विचार... हर शब्द... हर कार्य... जो हमारे जीवन और दूसरों के जीवन पर प्रभाव डालता है।

भगवद्गीता में श्रीकृष्ण अर्जुन से कहते हैं - "कर्म करो, लेकिन फल के प्रति आसक्ति मत रखो।" यह शिक्षा पहली बार पढ़ने में सरल लगती है। लेकिन इसे

जीना... शायद जीवन की सबसे कठिन साधनाओं में से एक है। क्योंकि मनुष्य कर्म तो करता है... लेकिन उसके पीछे कहीं न कहीं फल की इच्छा भी होती है।

मैंने प्रेम किया... और मिलन चाहता था।

मैंने प्रार्थना की... और उत्तर चाहता था।

मैंने प्रतीक्षा की... और परिणाम चाहता था।

फिर एक दिन समझ आया... कि शायद मेरी पीड़ा का एक कारण... मेरी अपेक्षाएँ भी थीं। इसका अर्थ यह नहीं कि अपेक्षा रखना गलत है। मनुष्य होने के नाते... हम आशा करते हैं। प्रेम करते हैं। सपने देखते हैं। लेकिन जब हम अपने सुख को केवल परिणाम से बाँध देते हैं... तब दुःख गहरा हो जाता है। मैंने कर्म को एक बीज की तरह देखना शुरू किया।

हर विचार... एक बीज।

हर शब्द... एक बीज।

हर निर्णय... एक बीज।

कुछ बीज तुरंत फल देते हैं। कुछ वर्षों बाद और कुछ... शायद ऐसी दिशाओं में... जिन्हें हम समझ भी नहीं पाते। यहीं कर्म का रहस्य और गहरा हो जाता है। क्या हर घटना केवल पिछले जन्मों के कर्मों का परिणाम है?

मैं इसका निश्चित उत्तर नहीं दे सकता। भारतीय परंपराओं में इस विषय पर विभिन्न मत मिलते हैं। कुछ दर्शन पुनर्जन्म और कर्म के दीर्घ प्रभाव की बात करते हैं। कुछ इस जीवन के कर्मों पर अधिक बल देते हैं। लेकिन किसी दूसरे के दुःख को देखकर यह कह देना - "यह तुम्हारे कर्मों का फल है" मेरी दृष्टि में... करुणा के विरुद्ध है, क्योंकि हम किसी दूसरे के जीवन का पूरा इतिहास नहीं जानते और शायद... ईश्वर भी हमसे पहले करुणा की अपेक्षा करते होंगे... निर्णय की नहीं। मेरे जीवन ने मुझे एक बात अवश्य सिखाई। कर्म केवल बाहरी कार्य नहीं है।

यदि मैं किसी के प्रति घृणा पालता हूँ... तो वह भी मेरे भीतर एक कर्म है।

यदि मैं किसी को क्षमा करता हूँ... तो वह भी एक कर्म है।

यदि मैं सत्य जानते हुए भी मौन रहता हूँ... तो वह भी एक कर्म है।

और यदि मैं कठिन परिस्थितियों में भी... ईमानदारी चुनता हूँ... तो वह भी एक कर्म है।

धीरे-धीरे मुझे समझ आने लगा... कि कर्म भविष्य बनाने का माध्यम है। हर दिन... हर क्षण... मैं अपने अगले जीवन का नहीं... कम-से-कम अपने अगले निर्णय का निर्माण अवश्य कर रहा हूँ। इसलिए... कर्म भय का विषय नहीं होना चाहिए। वह जागरूकता का विषय होना चाहिए।

आज यदि कोई मुझसे पूछे - "कर्म क्या है?" तो मैं कहूँगा - "कर्म केवल वह नहीं जो हम करते हैं। कर्म वह भी है जो हम सोचते हैं, बोलते हैं और बनने का प्रयास करते हैं। उसके परिणामों को पूरी तरह समझना सरल नहीं, लेकिन इतना निश्चित है कि हमारे चुनाव हमारे जीवन और दूसरों पर प्रभाव डालते हैं।" और शायद... यही कारण है... कि मनुष्य को हर सुबह... एक नया अवसर मिलता है। पुराने कर्मों पर विलाप करने का नहीं... नए कर्मों को अधिक जागरूकता... अधिक प्रेम... और अधिक सत्य के साथ करने का। क्योंकि अंततः... भाग्य हमें परिस्थितियाँ दे सकता है। लेकिन उन परिस्थितियों में... हम कैसा मनुष्य बनते हैं... वही हमारा सबसे बड़ा कर्म है।

42

ऊर्जा

यदि इस संसार में कोई ऐसी चीज़ है... जो हर क्षण हमारे चारों ओर है... लेकिन जिसे हम अपनी आँखों से सीधे नहीं देख सकते... तो वह है... ऊर्जा।

सूर्य का प्रकाश... बहती हुई हवा... जल का प्रवाह... अग्नि की ऊष्मा... हमारे शरीर की प्रत्येक धड़कन... सब ऊर्जा के विभिन्न रूप हैं।

विज्ञान कहता है... ऊर्जा न उत्पन्न की जा सकती है... और न नष्ट की जा सकती है। वह केवल... एक रूप से दूसरे रूप में बदलती है। जब मैंने यह पढ़ा... तो मेरे मन में एक प्रश्न उठा। क्या केवल पदार्थ ही रूप बदलता है... या जीवन भी... किसी गहरे स्तर पर... परिवर्तन की यात्रा है?

मैं इसका उत्तर नहीं जानता। लेकिन इतना अवश्य जानता हूँ... कि पूरा ब्रह्मांड... परिवर्तन में है। तारे जन्म लेते हैं। तारे समाप्त होते हैं। नदियाँ अपना मार्ग बदलती हैं। शरीर बदलता है। विचार बदलते हैं। भावनाएँ बदलती हैं और शायद... यही परिवर्तन... ऊर्जा की सबसे बड़ी पहचान है।

भारतीय आध्यात्मिक परंपराओं में... "प्राण" का उल्लेख मिलता है। योग में... प्राण को जीवन-शक्ति के रूप में समझाया गया है। प्राणायाम का उद्‌देश्य... सिर्फ़ साँस लेना नहीं... बल्कि उस जीवन-ऊर्जा के प्रति जागरूक होना भी माना गया है।

विज्ञान... ऊर्जा को मापने का प्रयास करता है।

अध्यात्म... उसे अनुभव करने की बात करता है।

दोनों की भाषा अलग है। लेकिन दोनों यह स्वीकार करते हैं... कि बिना ऊर्जा के... जीवन संभव नहीं। मैंने कई बार अनुभव किया... कि कुछ लोगों के पास बैठते ही... मन शांत हो जाता है और कुछ लोगों के पास... अशांति बढ़ जाती है।

क्या यह केवल मनोविज्ञान है?

क्या यह हमारे व्यवहार का प्रभाव है?

या इसमें कुछ और भी है?

मैं निश्चित रूप से नहीं कह सकता। लेकिन इतना अवश्य कहूँगा... कि मनुष्य का व्यवहार... दूसरों पर प्रभाव डालता है। हमारे शब्द... ऊर्जा की तरह... दूसरों के मन में प्रवेश करते हैं। एक कठोर वाक्य... वर्षों तक किसी को पीड़ा दे सकता है।

एक प्रेमपूर्ण शब्द... किसी टूटे हुए मनुष्य को फिर से जीने की आशा दे सकता है।

यदि शब्द इतना परिवर्तन ला सकते हैं... तो क्या वे भी... एक प्रकार की ऊर्जा नहीं हैं?

मेरे लिए... ऊर्जा केवल भौतिक विज्ञान का विषय नहीं। यह जिम्मेदारी का विषय भी है। मैं संसार में कैसी ऊर्जा लेकर चलता हूँ?

क्रोध?

घृणा?

भय?

या...

प्रेम... करुणा... और सत्य?

शायद... यही प्रश्न सबसे महत्वपूर्ण है। आज यदि कोई मुझसे पूछे - "ऊर्जा क्या है?" तो मैं कहूँगा - "विज्ञान ऊर्जा को प्रकृति का एक मूलभूत गुण मानता है, जो विभिन्न रूपों में परिवर्तित होती रहती है। आध्यात्मिक परंपराएँ जीवन-ऊर्जा या प्राण की बात करती हैं। इन दोनों दृष्टियों की भाषा अलग है, लेकिन दोनों हमें यह याद दिलाती हैं कि हम एक ऐसे संसार का हिस्सा हैं जहाँ सब कुछ निरंतर परिवर्तन और परस्पर संबंध में है।" और शायद... मनुष्य की सबसे बड़ी शक्ति... यह नहीं कि उसके पास कितनी ऊर्जा है। बल्कि यह है... कि वह अपनी ऊर्जा... किस दिशा में प्रयोग करता है। क्योंकि... ऊर्जा से ही प्रकाश भी बनता है और... उसी ऊर्जा से अग्नि भी। निर्णय... हमारे हाथ में है।

43
धैर्य

यदि कोई मुझसे पूछे - "तुम्हारी सबसे कठिन साधना क्या रही?" तो मैं बिना एक पल सोचे उत्तर दूँगा - धैर्य।

धैर्य... सुनने में बहुत सरल शब्द है। लेकिन जिसने जीवन में किसी अपने का इंतज़ार किया हो... जिसने वर्षों तक अपने प्रश्नों के उत्तर खोजे हों... जिसने हर दिन टूटकर भी अगले दिन उठना सीखा हो... वही जानता है... कि धैर्य केवल एक गुण नहीं... एक तप है। मैंने पहले सोचा था... धैर्य का अर्थ है... चुपचाप प्रतीक्षा करना। फिर जीवन ने सिखाया... नहीं। धैर्य का अर्थ केवल रुकना नहीं है।

धैर्य का अर्थ है... चलते रहना... भले ही मंज़िल दिखाई न दे।

धैर्य का अर्थ है... विश्वास बनाए रखना... भले ही परिस्थितियाँ उसके विपरीत हों।

धैर्य का अर्थ है... अपने भीतर की रोशनी को बचाए रखना... भले ही बाहर अंधकार ही अंधकार हो।

मेरे जीवन में कई ऐसे दिन आए... जब मुझे लगा... अब सब समाप्त हो गया। अब आगे बढ़ने का कोई अर्थ नहीं। प्रेम दूर था। उत्तर दूर थे। शांति भी दूर थी। लेकिन उन्हीं दिनों... मेरे भीतर कहीं एक छोटी-सी आवाज़ उठती थी - "एक दिन और।" बस... एक दिन और। शायद धैर्य... इसी छोटी-सी आवाज़ का नाम है। हम अक्सर धैर्य को कमजोरी समझ लेते हैं। हमें लगता है... जो तुरंत उत्तर दे... जो

तुरंत निर्णय ले... जो तुरंत परिणाम पा ले... वही शक्तिशाली है, लेकिन प्रकृति कुछ और सिखाती है।

बीज... एक दिन में वृक्ष नहीं बनता।

नदी... एक दिन में पर्वत नहीं काटती।

सूर्योदय... रात से लड़कर नहीं आता। वह अपने समय पर आता है।

प्रकृति में कहीं भी अधीरता नहीं है। फिर मनुष्य ही इतना अधीर क्यों है? शायद इसलिए... क्योंकि वह समय को नियंत्रित करना चाहता है और समय... कभी किसी के नियंत्रण में नहीं आता।

मैंने अपने स्वप्नों में... अपने मौन में... और अपनी प्रार्थनाओं में... एक बात बार-बार अनुभव की। मुझे ऐसा लगता था... मानो जीवन कह रहा हो - "तुम अपना कर्म करते रहो।" "फल समय पर छोड़ दो।" यह विचार मुझे भगवद्गीता की उस शिक्षा की याद दिलाता है... जहाँ कर्म करने की बात कही गई है... लेकिन फल से आसक्ति कम करने की भी। मैं यह नहीं कहता... कि मैं इस शिक्षा को पूरी तरह जी पाया हूँ।

आज भी... कई बार मन अधीर हो जाता है।

आज भी... कुछ प्रश्न बेचैन करते हैं।

आज भी... कुछ रातें लंबी लगती हैं।

लेकिन अब एक अंतर है। पहले अधीरता मुझे तोड़ देती थी।

अब वही अधीरता... मुझे अपने भीतर देखने की याद दिलाती है।

मैंने यह भी सीखा... कि धैर्य का अर्थ यह नहीं... कि अन्याय सहते रहो या... गलत बात पर मौन रहो।

धैर्य का अर्थ कायरता नहीं है। धैर्य का अर्थ है... सही समय... सही दिशा... और सही भावना के साथ कार्य करना। कभी-कभी... सबसे बड़ा साहस... तुरंत प्रतिक्रिया देना नहीं होता। सबसे बड़ा साहस... शांत रहकर सही निर्णय लेना होता है।

आज यदि कोई मुझसे पूछे - "धैर्य क्या है?" तो मैं कहूँगा - "धैर्य वह शक्ति है जो मनुष्य को तब भी सत्य, करुणा और ईमानदारी के मार्ग पर बनाए रखती है, जब परिणाम दिखाई नहीं देते।" शायद... धैर्य का सबसे सुंदर रूप... प्रेम में दिखाई देता है। वह प्रेम... जो अधिकार नहीं माँगता। जो समय से युद्ध नहीं करता। जो अपने भीतर विश्वास की छोटी-सी लौ को... आँधियों के बीच भी बुझने नहीं देता और शायद... ईश्वर भी उसी हृदय में सबसे अधिक सहजता से उतरते हैं... जो अधीर होकर दरवाज़ा नहीं पीटता... बल्कि धैर्य के साथ... उसे खुलने की प्रतीक्षा करता है। क्योंकि अंततः... धैर्य समय को नहीं बदलता। धैर्य... मनुष्य को बदल देता है और जब मनुष्य बदल जाता है... तो वही संसार... जो पहले बोझ लगता था... धीरे-धीरे... एक साधना बन जाता है।

44

प्रेम का अंतिम रूप

इस पुस्तक की शुरुआत... प्रेम से हुई थी और शायद... इसका अंत भी प्रेम पर ही होना चाहिए। लेकिन अब मैं उस प्रेम की बात नहीं कर रहा... जो केवल दो लोगों के बीच होता है। मैं उस प्रेम की बात कर रहा हूँ... जो धीरे-धीरे मनुष्य को बदल देता है।

जब मैंने प्रेम किया... तो मैं पाना चाहता था, मुझे साथ चाहिए था, मुझे भविष्य चाहिए था, मुझे वह जीवन चाहिए था... जिसकी मैंने कल्पना की थी। उस समय मुझे लगता था... कि प्रेम का अर्थ है - किसी का मेरे साथ होना। फिर समय बदला। परिस्थितियाँ बदलीं। सपने बदले और मैं भी बदलने लगा। प्रेम वहीं था... लेकिन उसका रूप बदल गया। मैंने पहली बार समझा... कि प्रेम का सबसे पहला रूप... आकर्षण हो सकता है। दूसरा... अपनापन। तीसरा... समर्पण और शायद... उसका अंतिम रूप... करुणा है।

करुणा... जहाँ प्रेम केवल "मेरा" नहीं रह जाता। वह "हमारा" भी नहीं रहता। वह केवल प्रेम रह जाता है। ऐसा प्रेम... जो बदले में कुछ नहीं माँगता। जो अधिकार नहीं जताता। जो किसी को बाँधना नहीं चाहता। जो यह भी स्वीकार कर सकता है... कि सामने वाला... अपना अलग जीवन चुन सकता है। यह स्वीकार करना... मेरे लिए आसान नहीं था। मैंने भी संघर्ष किया। मैंने भी रोकर ईश्वर से पूछा - "यदि प्रेम इतना पवित्र है... तो इसमें इतनी पीड़ा क्यों है?"

आज भी... मेरे पास इस प्रश्न का पूरा उत्तर नहीं है। लेकिन इतना अवश्य समझ

आया... कि पीड़ा... प्रेम का लक्ष्य नहीं है। कभी-कभी... वह उसके परिवर्तन का मार्ग बन जाती है। मैंने निधि से प्रेम किया। यह मेरी कहानी का सत्य है। लेकिन धीरे-धीरे... मुझे यह भी समझ आने लगा... कि यदि मेरा प्रेम... केवल मेरे सुख तक सीमित रह जाए... तो वह अधूरा है।

यदि मैं सचमुच किसी से प्रेम करता हूँ... तो मुझे उसके सुख की भी कामना करनी होगी... भले ही उसमें मेरा स्थान न हो। यह बात लिखना आसान है। जीना बहुत कठिन। शायद... मेरी पूरी यात्रा... इसी कठिनाई को समझने की यात्रा रही है।

मैंने यह भी देखा... कि प्रेम केवल मनुष्यों तक सीमित नहीं है। जब तुम किसी भूखे को भोजन देते हो... वह भी प्रेम है।

जब तुम किसी रोते हुए व्यक्ति को सुनते हो... वह भी प्रेम है।

जब तुम किसी पशु को बिना कारण दुलारते हो... वह भी प्रेम है।

जब तुम सत्य के लिए खड़े होते हो... वह भी प्रेम है।

क्योंकि प्रेम... केवल भावना नहीं। जीने का एक तरीका भी है। भारतीय भक्ति परंपरा में... अनेक संतों ने प्रेम को ईश्वर तक पहुँचने का मार्ग माना। मीरा का प्रेम... कबीर का प्रेम... पारवती का प्रेम... इन सबका स्वरूप अलग था। लेकिन उनमें एक बात समान थी, प्रेम।

प्रेम... अहंकार को छोटा करता है और हृदय को विशाल। मैं यह दावा नहीं करता... कि मैं उस अवस्था तक पहुँच गया हूँ। मैं अभी भी सीख रहा हूँ। आज भी... मेरे भीतर मोह है, यादें हैं, प्रतीक्षा है। लेकिन अब मैं यह भी जानता हूँ... कि प्रेम का अंतिम रूप... किसी को पा लेना नहीं है। प्रेम का अंतिम रूप... स्वयं प्रेम बन जाना है।

आज यदि कोई मुझसे पूछे - "प्रेम का अंतिम रूप क्या है?" तो मैं कहूँगा - "जब प्रेम अधिकार से मुक्त होकर करुणा, सम्मान और दूसरे के कल्याण की कामना में बदल जाए, तब वह अपने सबसे परिपक्व रूप के निकट पहुँचता है।" शायद... यही कारण है... कि ईश्वर को प्रेम कहा गया। क्योंकि सच्चा प्रेम... किसी को बाँधता

नहीं। वह मुक्त करता है।

वह छोटा नहीं करता... वह विस्तार देता है और अंततः... वह मनुष्य को... दूसरों से पहले... स्वयं से मिलवा देता है। शायद... यही प्रेम का अंतिम रूप है। जहाँ "मैं" धीरे-धीरे विलीन होने लगता है... और केवल प्रेम शेष रह जाता है।

45

मृत्यु से पहले

जब भी "मृत्यु" शब्द सुनाई देता है... अधिकांश लोग अपने जीवन के अंतिम क्षण की कल्पना करते हैं। साँसों का रुक जाना। शरीर का शांत हो जाना। लोगों का रोना और एक जीवन का समाप्त हो जाना।

लेकिन मेरी यात्रा ने मुझे एक दूसरा प्रश्न दिया - क्या केवल शरीर की मृत्यु ही मृत्यु है? या... क्या मनुष्य अपने जीवन में कई बार मरता भी है?

जब बचपन समाप्त होता है... एक बालक मरता है... और एक युवा जन्म लेता है।

जब अहंकार टूटता है... एक पुराना "मैं" मरता है... और एक नया दृष्टिकोण जन्म लेता है।

जब कोई गहरा दुःख हमें भीतर से बदल देता है... तो भी कुछ समाप्त होता है... और कुछ नया शुरू होता है।

शायद... यही "मृत्यु से पहले की मृत्यु" है। मैंने अपने जीवन में ऐसी कई मृत्यु देखी हैं। जब मेरे सपने टूटे... तब मेरे भीतर का एक हिस्सा मर गया।

जब प्रेम विरह में बदल गया... तब भी मैं पहले जैसा नहीं रहा।

जब मेरे प्रश्नों ने मेरे पुराने विश्वासों को चुनौती दी... तब भी मेरे भीतर कुछ समाप्त हुआ।

उस समय मुझे लगा... सब कुछ खत्म हो गया है। लेकिन वर्षों बाद पीछे मुड़कर देखा... तो समझ आया... यदि वह पुराना स्वरूप न टूटता... तो नया जन्म भी नहीं होता। प्रकृति हमें यही सिखाती है।

बीज... यदि अपने बीज होने को पकड़े रहे... तो वह कभी वृक्ष नहीं बन सकता। उसे पहले टूटना पड़ता है। मिट्टी में दबना पड़ता है। अंधकार सहना पड़ता है। तब कहीं जाकर... उसमें अंकुर फूटता है। मनुष्य भी शायद ऐसा ही है। हम अपने विचारों... अपनी पहचान... अपने अहंकार... और अपने भय से इतने चिपक जाते हैं... कि परिवर्तन से डरने लगते हैं। लेकिन जीवन... बार-बार हमें बदलने आता है।

कभी प्रेम के रूप में।

कभी पीड़ा के रूप में।

कभी समय के रूप में।

और कभी...मौन के रूप में।

मैंने मृत्यु के बारे में बहुत सोचा है। कई बार उससे डर भी लगा। कई बार उसे समझने की कोशिश भी की। लेकिन धीरे-धीरे... मुझे लगा... शायद सबसे बड़ी तैयारी... मृत्यु के बाद की नहीं... मृत्यु से पहले की होनी चाहिए।

प्रश्न यह नहीं कि हम कब मरेंगे। प्रश्न यह है... कि क्या हम वास्तव में जी भी पाए?

क्या हमने प्रेम किया?

क्या हमने सत्य का साथ दिया?

क्या हमने किसी के आँसू पोंछे?

क्या हमने अपने भीतर की कटुता को कम किया?

यदि इन प्रश्नों का उत्तर "हाँ" है... तो शायद जीवन सफल है... चाहे उसकी अवधि कितनी भी रही हो। भारतीय परंपरा में... संतों ने बार-बार कहा है... कि जो व्यक्ति अपने अहंकार को जीत लेता है... वह मृत्यु के भय से भी मुक्त होने लगता है। क्योंकि उसे समझ आने लगता है... कि बदलना... जीवन का नियम है। मैं यह नहीं कहता... कि मुझमें अब मृत्यु का कोई भय नहीं। मैं अभी भी एक साधारण मनुष्य हूँ। मेरे भीतर भी मोह है, प्रेम है, अधूरे सपने हैं। लेकिन अब... मैं मृत्यु को केवल अंत नहीं देखता। मैं उसे जीवन की सबसे बड़ी याद दिलाने वाली शक्ति मानता हूँ।

वह हर दिन मुझसे कहती है - "जो कहना है, आज कहो।"

"जो प्रेम करना है, आज करो।"

"जो सत्य जीना है, आज जीओ।"

क्योंकि समय... किसी के लिए नहीं रुकता। आज यदि कोई मुझसे पूछे - "मृत्यु से पहले मनुष्य को क्या करना चाहिए?"

तो मैं कहूँगा - "अपने भीतर जो झूठ, अहंकार, घृणा और भय है, उन्हें थोड़ा-थोड़ा छोड़ना सीखना चाहिए। क्योंकि यही वे मृत्यु हैं जो हमें जीवन में ही नया जन्म देती हैं।" और शायद... यही जीवन का सबसे बड़ा रहस्य है। शरीर की मृत्यु... एक दिन निश्चित है। लेकिन यदि हम उससे पहले... अपने अहंकार की मृत्यु स्वीकार कर लें... अपने भय की मृत्यु स्वीकार कर लें... अपने द्वेष की मृत्यु स्वीकार कर लें... तो संभव है... जब अंतिम क्षण आए... तो हमें पहली बार यह अनुभव हो... कि हमने वास्तव में जीवन जिया है। क्योंकि मृत्यु से पहले... जो मरना सीख लेता है... वही जीवन को उसकी पूरी गहराई से जी पाता है।

46

मृत्यु के बाद

शायद... मनुष्य ने अपने पूरे इतिहास में... सबसे अधिक जिस प्रश्न पर विचार किया है... वह यह नहीं कि जीवन क्या है। बल्कि यह कि... मृत्यु के बाद क्या है?

जब कोई अपना... हमारी आँखों के सामने... आख़िरी साँस लेता है... तब केवल उसका शरीर हमारे सामने रह जाता है। लेकिन मन पूछता है - क्या बस इतना ही था?

क्या जो मुस्कुराता था... जो प्रेम करता था... जो सपने देखता था... वह सब एक क्षण में समाप्त हो गया? या... क्या यात्रा आगे भी चलती है?

इन्हीं प्रश्नों ने... सभ्यताओं को जन्म दिया, धर्मों को जन्म दिया, दर्शन को जन्म दिया और शायद... मनुष्य की सबसे गहरी आध्यात्मिक खोज को भी। भारतीय परंपरा में... आत्मा को नित्य कहा गया है। भगवद्गीता में श्रीकृष्ण कहते हैं... कि शरीर बदलता है... लेकिन आत्मा का नाश नहीं होता। उपनिषद भी... आत्मा और ब्रह्म के संबंध पर गहरा चिंतन करते हैं। बौद्ध दर्शन...एक अलग दृष्टि प्रस्तुत करता है... जहाँ स्थायी आत्मा की अवधारणा से भिन्न विचार मिलते हैं। दुनिया के अन्य धर्मों में भी... मृत्यु के बाद के जीवन को लेकर अलग-अलग मान्यताएँ हैं। इन सबको पढ़ते हुए... मुझे एक बात समझ आई। प्रश्न एक ही है। उत्तर अनेक हैं।

मेरे अपने जीवन में... मृत्यु का प्रश्न... सिर्फ़ जिज्ञासा नहीं था। वह पीड़ा से जुड़ा

था। क्योंकि जब जीवन असहनीय लगता था... तब मन यही पूछता था - "यदि मृत्यु अंत नहीं है... तो उसके बाद क्या है?" और यदि अंत ही है... तो जीवन का उद्देश्य क्या है?

इन प्रश्नों का उत्तर... मैं आज भी अंतिम रूप से नहीं दे सकता, क्योंकि मैंने मृत्यु के पार की दुनिया को... प्रत्यक्ष रूप से नहीं देखा। मेरे कुछ स्वप्न थे। कुछ आध्यात्मिक अनुभव थे। कुछ ऐसी अनुभूतियाँ... जिन्होंने मुझे यह महसूस कराया... कि जीवन शायद केवल शरीर तक सीमित नहीं है। लेकिन मैं यह भी जानता हूँ... कि अनुभव और प्रमाण... दो अलग बातें हैं। इसलिए... मैं अपने अनुभवों का सम्मान करता हूँ... पर उन्हें सबके लिए अंतिम सत्य घोषित नहीं करता।

मैंने इतना अवश्य सीखा... कि मृत्यु पर विचार करने से... जीवन अधिक स्पष्ट दिखाई देने लगता है। जब हमें याद रहता है... कि एक दिन सब समाप्त हो सकता है... तब छोटी-छोटी बातों का अहंकार कम होने लगता है। क्रोध छोटा लगने लगता है। क्षमा सरल होने लगती है और प्रेम... अधिक मूल्यवान लगने लगता है। शायद... मृत्यु का सबसे बड़ा उपहार... यही है। वह हमें याद दिलाती है... कि समय सीमित है।

आज यदि कोई मुझसे पूछे - "मृत्यु के बाद क्या होता है?" तो मैं कहूँगा - "विभिन्न धर्म और दर्शन अलग-अलग उत्तर देते हैं। मेरे अपने अनुभवों ने मुझे यह विश्वास दिया है कि चेतना का रहस्य अभी हमारी पूरी समझ से परे हो सकता है। लेकिन मैं यह दावा नहीं कर सकता कि मेरे पास उसका अंतिम प्रमाण है।" और शायद... यही विनम्रता... इस प्रश्न के सामने सबसे उचित है। क्योंकि जो मनुष्य सचमुच सत्य की खोज करता है... वह वहाँ भी स्वीकार करता है... जहाँ उसे नहीं पता। इस पूरी यात्रा के बाद... मुझे एक बात अवश्य समझ आई।

शायद... मृत्यु के बाद क्या होगा... यह जानने से भी अधिक महत्वपूर्ण... यह है कि मृत्यु से पहले... हमने कैसा जीवन जिया।

क्या हमने प्रेम किया?

क्या हमने सत्य का साथ दिया?

क्या हमने किसी का दुःख कम किया?

क्या हमने अपने भीतर के अंधकार को थोड़ा-सा प्रकाश दिया?

यदि इन प्रश्नों का उत्तर...हम ईमानदारी से दे सकें... तो संभव है... मृत्यु भी हमें भयभीत न करे। क्योंकि तब... वह अंत नहीं लगेगी। वह केवल... एक और अज्ञात द्वार होगी। जिसके पार क्या है... यह शायद... समय आने पर ही जाना जा सकता है और तब तक... हमारा सबसे बड़ा कर्तव्य यही है - जीवन को... पूरी सजगता... पूरे प्रेम... और पूरे सत्य के साथ जीना।

47

यदि शिव सामने आ जाएँ

मैंने कई बार कल्पना की है... यदि एक दिन... समय ठहर जाए। हवा शांत हो जाए। चारों ओर ऐसा मौन छा जाए... जिसमें केवल हृदय की धड़कन सुनाई दे और उसी मौन में... भगवान शिव मेरे सामने खड़े हों। तो क्या होगा?

क्या मैं सबसे पहले... ब्रह्मांड के रहस्य पूछूँगा?

क्या मैं आत्मा के बारे में पूछूँगा?

क्या मैं समुद्र के नीचे की दुनिया के बारे में पूछूँगा?

क्या मैं मृत्यु के बाद का सत्य जानना चाहूँगा?

मैंने इस प्रश्न पर बहुत विचार किया। और हर बार... मेरा उत्तर बदलता गया। एक समय था... जब मैं अनगिनत प्रश्न पूछना चाहता था। मैं जानना चाहता था - क्या सच है?

क्या भ्रम है?

क्या स्वप्न संदेश हैं?

क्या सचमुच कोई दूसरी दुनिया है?

क्या मनुष्य फिर कभी वैसा बन सकता है... जैसा प्राचीन युगों में था?

लेकिन आज... यदि सचमुच शिव मेरे सामने आ जाएँ... तो शायद... मैं कुछ क्षण... कुछ भी न कह सकूँ। क्योंकि... जिसे हम जीवन भर खोजते हैं... उसे सामने देखकर... शब्द शायद स्वयं मौन हो जाएँ। फिर शायद... मैं केवल एक ही प्रश्न पूछूँ।

"प्रभु... क्या मैंने प्रेम करना सही सीखा?" क्योंकि अब मुझे लगता है... यदि इस प्रश्न का उत्तर मिल गया... तो शायद... मेरे अनेक दूसरे प्रश्न भी शांत हो जाएँगे।

मैं उनसे यह नहीं पूछूँगा - "निधि मुझे मिलेगी या नहीं?" मैं उनसे पूछूँगा - "मुझे ऐसा हृदय दीजिए... जो प्रेम में भी सत्य न छोड़े... और विरह में भी करुणा न छोड़े।"

मैं उनसे यह नहीं पूछूँगा - "मृत्यु के बाद क्या होगा?" मैं पूछूँगा - "मृत्यु से पहले... मुझे कैसा मनुष्य बनना चाहिए?"

मैं उनसे यह नहीं पूछूँगा - "संसार का सबसे बड़ा रहस्य क्या है?" मैं पूछूँगा - "अहंकार से मुक्त होना कैसे सीखूँ?"

शायद... यही मेरी यात्रा का परिवर्तन है। पहले मैं ज्ञान चाहता था। अब... मैं पात्रता चाहता हूँ। क्योंकि यदि पात्रता न हो... तो ज्ञान भी अहंकार बन सकता है और यदि पात्रता हो... तो मौन भी गुरु बन सकता है।

फिर... मैं शायद शिव से कुछ माँगूँगा। धन नहीं, यश नहीं, चमत्कार नहीं। मैं कहूँगा - "प्रभु... यदि मेरी पीड़ा का कोई अर्थ है... तो उसे व्यर्थ मत जाने देना।"

"यदि मेरी प्रतीक्षा किसी कारण से है... तो मुझे धैर्य देना।"

"यदि मेरा प्रेम अधूरा रह जाए... तो उसे कटुता में मत बदलने देना।"

"यदि मेरी खोज में कोई सत्य है... तो मुझे विनम्र बनाए रखना।" और फिर...

शायद मैं मौन हो जाऊँ।

क्योंकि मुझे लगता है... शिव का सबसे बड़ा उत्तर... शब्दों में नहीं होगा। वह एक दृष्टि होगी। एक ऐसी शांति... जो सारे प्रश्नों को मिटा न दे... लेकिन उन्हें बोझ भी न रहने दे। हो सकता है... वह मुस्कुराएँ और कहें - "सत्य बाहर कम... भीतर अधिक खोजो।" या शायद... वे कुछ भी न कहें, क्योंकि कभी-कभी... गुरु का मौन... हजारों शब्दों से अधिक गहरा होता है।

यह अध्याय... किसी दर्शन का निष्कर्ष नहीं है। न ही यह दावा है... कि यदि शिव सामने आएँगे... तो वे यही कहेंगे। यह केवल... मेरे हृदय की एक प्रार्थना है। एक साधक की कल्पना है। एक ऐसे मनुष्य की... जिसने प्रश्नों से भरा जीवन जिया... और अंत में यह समझा... कि शायद ईश्वर से सबसे बड़ा वरदान... सभी उत्तर नहीं... बल्कि ऐसा हृदय माँगना है... जो हर परिस्थिति में... सत्य... प्रेम... और करुणा का मार्ग न छोड़े और यदि कभी... मेरे जीवन में वह क्षण सचमुच आए... जब मैं शिव के सामने खड़ा होऊँ... तो मैं उनसे केवल इतना कहूँगा - "प्रभु... मुझे संसार का सबसे बुद्धिमान मनुष्य मत बनाइए। मुझे ऐसा मनुष्य बनाइए... जिसके कारण किसी एक भी हृदय का दुःख थोड़ा कम हो जाए।" शायद... यही किसी भी साधना की सबसे सुंदर पूर्णता है।

48

भीतर और बाहर एक ही हैं

जब मैंने इस यात्रा की शुरुआत की थी... मुझे लगता था... दुनिया दो हिस्सों में बँटी हुई है।

एक... जो मेरी आँखें देखती हैं और दूसरी... जो मेरी आँखों से दिखाई नहीं देती। इसीलिए मैं समुद्र के रहस्यों के बारे में सोचता रहा। आकाश के रहस्यों के बारे में सोचता रहा। आत्मा... स्वप्न... मृत्यु... ईश्वर... और उन सभी अदृश्य बातों के बारे में... जिन्हें मैं समझना चाहता था। लेकिन धीरे-धीरे... मेरे भीतर एक और प्रश्न जन्मा। यदि मैं अपने ही भीतर को नहीं जानता... तो बाहर की दुनिया को कैसे समझूँगा?

यहीं से मेरी यात्रा बदल गई। मैंने देखा... जब मेरे भीतर अशांति होती है... तो पूरी दुनिया अशांत दिखाई देती है।

जब मेरे भीतर भय होता है... तो हर रास्ता खतरनाक लगता है।

जब मेरे भीतर प्रेम होता है... तो साधारण मनुष्य भी असाधारण लगने लगता है।

क्या बाहर की दुनिया बदल जाती है? या... उसे देखने वाली मेरी दृष्टि बदल जाती है?

शायद... यहीं "भीतर" और "बाहर" का सबसे गहरा संबंध छिपा है। उपनिषदों में... ऋषियों ने बार-बार मनुष्य को भीतर देखने के लिए प्रेरित किया। ध्यान की परंपराएँ भी... बाहरी संसार से भागने की नहीं... बल्कि स्वयं को समझने की बात करती हैं। विज्ञान भी... अपने तरीके से... मनुष्य की धारणा, मस्तिष्क और अनुभव का अध्ययन करता है। दोनों की भाषा अलग है... लेकिन एक प्रश्न समान है - हम वास्तविकता को कैसे अनुभव करते हैं?

मेरे अपने जीवन में... मैं समुद्र के नीचे की संभावित दुनिया के बारे में सोचता रहा। मैंने स्वप्नों को समझने की कोशिश की। मैंने ईश्वर के संकेत खोजे। लेकिन एक दिन... मुझे लगा... शायद सबसे रहस्यमय संसार... मेरे भीतर ही है। क्योंकि... मैं अपने मन को पूरी तरह नहीं जानता। अपने भय को पूरी तरह नहीं समझता। अपने प्रेम की गहराई नहीं माप सकता। अपने मौन का अंत नहीं देख सकता। यदि मैं स्वयं अपने भीतर... एक रहस्य हूँ... तो बाहर के रहस्यों को जानने का अहंकार कैसे कर सकता हूँ? तभी मुझे समझ आया... कि भीतर और बाहर... शायद विरोधी नहीं हैं। वे एक-दूसरे का प्रतिबिंब हो सकते हैं।

यदि भीतर करुणा होगी... तो बाहर करुणा खोजने की दृष्टि भी होगी।

यदि भीतर घृणा होगी... तो बाहर शत्रु ही शत्रु दिखाई देंगे।

यदि भीतर विनम्रता होगी... तो ज्ञान बढ़ेगा।

यदि भीतर अहंकार होगा... तो ज्ञान भी बोझ बन जाएगा।

मैंने अपने जीवन की सबसे बड़ी भूल भी यही देखी। मैं उत्तर बाहर खोजता रहा... जबकि अनेक प्रश्न... मेरे भीतर बैठे थे।

मैं आकाश को पढ़ना चाहता था... लेकिन अपने मन को नहीं।

मैं समुद्र की गहराई नापना चाहता था... लेकिन अपनी चेतना की गहराई नहीं।

शायद... यही कारण है... कि हर महान यात्रा... अंततः भीतर लौट आती है। आज यदि कोई मुझसे पूछे - "क्या भीतर और बाहर एक ही हैं?" तो मैं कहूँगा - "बाहरी

संसार और हमारे भीतर का अनुभव एक-दूसरे को गहराई से प्रभावित करते हैं। हम संसार को जैसा देखते हैं, उसमें हमारी चेतना, हमारी भावनाएँ और हमारी दृष्टि भी महत्वपूर्ण भूमिका निभाती हैं।"

इसका अर्थ यह नहीं... कि संसार केवल कल्पना है और यह भी नहीं... कि भीतर का अनुभव ही सब कुछ है। बल्कि... दोनों के बीच एक सतत संवाद चलता रहता है। शायद... यही जीवन है। भीतर की खोज... और बाहर की खोज... दोनों साथ-साथ चलती रहें। क्योंकि यदि हम केवल बाहर को जानेंगे... तो स्वयं को खो देंगे और यदि केवल भीतर ही डूबे रहेंगे... तो संसार से जुड़ना भूल जाएँगे। पूर्णता शायद... इन्हीं दोनों के मिलन में है। जब मनुष्य अपने भीतर की शांति लेकर... बाहर की दुनिया में चलता है... तभी उसका हर कदम... एक साधना बन जाता है और तब... उसे धीरे-धीरे अनुभव होने लगता है... कि जिसे वह बाहर खोज रहा था... उसकी पहली झलक... हमेशा से... उसके अपने हृदय में ही प्रतीक्षा कर रही थी।

49

अंतिम प्रश्न

मुझे लगता था... कि एक दिन ऐसा आएगा... जब मेरे सारे प्रश्न समाप्त हो जाएँगे। मुझे सब समझ आ जाएगा। जीवन भी... मृत्यु भी... प्रेम भी... ईश्वर भी।

लेकिन आज... उनचास अध्यायों की इस यात्रा के बाद... मैं स्वीकार करता हूँ... कि मेरे पास पहले से अधिक प्रश्न हैं। फर्क केवल इतना है... कि अब मैं उनसे डरता नहीं। पहले मैं उत्तर चाहता था। अब... मैं सत्य चाहता हूँ। चाहे वह मेरी कल्पनाओं के विरुद्ध ही क्यों न हो। क्योंकि मैंने समझ लिया है... कि सत्य... हमारी इच्छाओं के अनुसार नहीं बदलता। हमें ही... उसके सामने बदलना पड़ता है। मैंने इस यात्रा में प्रेम को देखा, विरह को देखा, पीड़ा को देखा, प्रतीक्षा को देखा, मृत्यु को समझने की कोशिश की। स्वप्नों को परखा। विज्ञान को सुना। शास्त्रों को पढ़ा। अपने मन पर भी प्रश्न उठाए और अपने विश्वासों पर भी।

यही शायद... मेरी सबसे बड़ी साधना थी। मैंने किसी एक उत्तर को पकड़कर... बाकी सबको झुठलाने की कोशिश नहीं की। मैंने केवल इतना प्रयास किया... कि जहाँ तक संभव हो... ईमानदार रहूँ। क्योंकि खोज... ईमानदारी के बिना... सिर्फ़ कल्पना बन जाती है। अब... यदि कोई मुझसे पूछे - "तुम्हारा अंतिम प्रश्न क्या है?" तो शायद मैं कहूँगा - न तो यह... कि मृत्यु के बाद क्या होगा।

न यह... कि ब्रह्मांड कितना बड़ा है।

न यह... कि समुद्र के नीचे कौन-सी सभ्यता है।

न यह... कि स्वप्न कहाँ से आते हैं।

मेरा अंतिम प्रश्न इससे भी गहरा है।

"मैं सत्य को कितना स्वीकार कर सकता हूँ?"

यदि सत्य...मेरी इच्छा के विरुद्ध हुआ... तो क्या मैं उसे स्वीकार करूँगा?

यदि सत्य... मेरे विश्वासों को बदलने को कहे... तो क्या मेरे पास वह साहस होगा?

यदि सत्य... मुझे यह दिखाए कि मैं किसी बात में गलत था... तो क्या मैं विनम्र होकर सीख सकूँगा?

शायद... यही सबसे कठिन प्रश्न है। क्योंकि सत्य की खोज... केवल नई बातें जानने का नाम नहीं। वह... अपने अहंकार को बार-बार परखने का नाम भी है। मैंने यह भी समझा... कि अंतिम प्रश्न... किसी पुस्तक में नहीं मिलता। वह हर मनुष्य के भीतर अलग होता है।

किसी के लिए वह प्रेम है।

किसी के लिए ईश्वर।

किसी के लिए विज्ञान।

किसी के लिए न्याय।

किसी के लिए आत्मा।

और किसी के लिए...

सिर्फ़ यह जानना... कि वह वास्तव में कौन है। इसलिए... मैं अपना अंतिम प्रश्न... तुम्हारे ऊपर नहीं थोप सकता। तुम्हारी यात्रा... तुम्हारा प्रश्न चुनेगी। जैसे मेरी

यात्रा ने... मेरा प्रश्न चुना।

इस पुस्तक को पढ़ने वाले हर व्यक्ति से... मैं केवल एक निवेदन करना चाहता हूँ। मेरी किसी भी बात पर... केवल इसलिए विश्वास मत करना... कि मैंने उसे लिखा है। उसे परखो, सोचो, प्रश्न पूछो, अनुभव करो।

जहाँ विज्ञान उत्तर देता है... वहाँ विज्ञान से सीखो।

जहाँ दर्शन गहराई देता है... वहाँ दर्शन से सीखो।

जहाँ जीवन सिखाता है... वहाँ जीवन से सीखो।

और जहाँ अभी उत्तर नहीं है... वहाँ "मुझे नहीं पता" कहने का साहस रखो।

क्योंकि... कभी-कभी... "मुझे नहीं पता" ज्ञान की समाप्ति नहीं... उसकी शुरुआत होती है।

आज... यदि यह मेरी जीवन-यात्रा का अंतिम प्रश्न है... तो उसका उत्तर भी शायद... एक प्रश्न ही है।

क्या मनुष्य का उद्देश्य सभी उत्तर पा लेना है... या इतना जागरूक हो जाना कि वह सही प्रश्न पूछ सके?

मुझे नहीं पता और शायद...यही इस पुस्तक का सबसे सच्चा वाक्य है। क्योंकि अंत में... उत्तर बदल सकते हैं। प्रश्न बदल सकते हैं। विश्वास बदल सकते हैं। लेकिन यदि खोज... सत्य... करुणा... और विनम्रता के साथ जारी रहे... तो शायद... मनुष्य कभी रास्ता नहीं खोता। शायद... यही मेरा अंतिम प्रश्न है और शायद... यही मेरी सबसे बड़ी प्रार्थना भी।

50

उत्तर तुम्हारे भीतर है

यदि तुम यहाँ तक पहुँच चुके हो... तो सबसे पहले... मैं तुम्हारा धन्यवाद करना चाहता हूँ। क्योंकि तुमने केवल एक पुस्तक नहीं पढ़ी। तुमने... मेरे साथ एक यात्रा तय की है।

यह यात्रा... प्रेम से शुरू हुई थी। फिर पीड़ा आई। फिर प्रतीक्षा। फिर प्रश्न। फिर मृत्यु। फिर आत्मा। फिर विज्ञान। फिर अध्यात्म। फिर समुद्र की गहराइयाँ। फिर स्वप्न। फिर ईश्वर और अंत में... हम फिर वहीं लौट आए... जहाँ से सब शुरू हुआ था... अपने भीतर।

जब मैंने पहली बार प्रश्न पूछे थे... मुझे लगता था... उत्तर कहीं बाहर छिपे हैं। किसी पर्वत पर, किसी गुफा में, किसी ऋषि के पास, किसी शास्त्र में, किसी प्रयोगशाला में या... किसी ऐसे रहस्य में... जिसे अभी तक मनुष्य जान नहीं पाया। लेकिन इस पूरी यात्रा ने... मुझे एक बात सिखाई। बाहर की खोज आवश्यक है। विज्ञान आवश्यक है। शास्त्र आवश्यक हैं। गुरु आवश्यक हैं। अनुभव आवश्यक हैं। लेकिन... यदि मनुष्य अपने भीतर झाँकना ही न सीखे... तो बाहरी उत्तर भी अधूरे रह जाते हैं।

मैंने प्रेम में स्वयं को खोजा। विरह में स्वयं को खोजा। मौन में स्वयं को खोजा। अपने स्वप्नों में स्वयं को खोजा। अपने भ्रमों पर भी प्रश्न उठाए। अपने विश्वासों को भी परखा और जितना भीतर उतरता गया... उतना समझ आने लगा... कि सबसे कठिन यात्रा... हजारों किलोमीटर चलना नहीं है।

सबसे कठिन यात्रा... अपने ही हृदय तक पहुँचना है। क्योंकि वहीं... हमारा सबसे बड़ा भय छिपा होता है। वहीं... हमारी सबसे बड़ी आशा भी। वहीं... हमारा प्रेम भी। हमारा अहंकार भी। हमारा ईश्वर भी और हमारे प्रश्न भी। मैं यह पुस्तक किसी निष्कर्ष के साथ समाप्त नहीं करना चाहता। क्योंकि सत्य... किसी एक मनुष्य की संपत्ति नहीं। न मेरी। न तुम्हारी। न किसी एक परंपरा की। सत्य... हर उस व्यक्ति की प्रतीक्षा करता है... जो ईमानदारी से उसकी खोज करता है। हो सकता है... तुम इस पुस्तक की कई बातों से सहमत न हो और यह बिल्कुल ठीक है।

शायद तुम्हारे अनुभव... मुझसे अलग हों।

शायद तुम्हारे प्रश्न... मेरे प्रश्नों से अलग हों।

शायद तुम्हारा मार्ग... मुझसे बिल्कुल अलग हो।

लेकिन यदि इस पुस्तक ने... तुम्हें एक भी सच्चा प्रश्न पूछने के लिए प्रेरित किया... यदि इसने तुम्हें... थोड़ा अधिक करुणामय बनाया... थोड़ा अधिक विनम्र बनाया... थोड़ा अधिक ईमानदार बनाया... तो समझना... इसका उद्देश्य पूरा हो गया।

आज... यदि कोई मुझसे पूछे - "इस पूरी पुस्तक का सबसे बड़ा संदेश क्या है?" तो मैं कहूँगा - "दूसरों के उत्तर उधार मत लो। अपने प्रश्न स्वयं पूछो। अपने अनुभवों को परखो। जहाँ प्रमाण मिले, वहाँ उन्हें सम्मान दो। जहाँ रहस्य हो, वहाँ विनम्र बने रहो और जहाँ प्रेम मिले, वहाँ उसे करुणा में बदलने का प्रयास करो।" क्योंकि... संभव है... जिस उत्तर की तुम वर्षों से खोज कर रहे हो... वह किसी और के शब्दों में नहीं... तुम्हारे अपने जीवन में छिपा हो। शायद... इसीलिए ऋषियों ने आत्मचिंतन की बात की। इसीलिए वैज्ञानिक प्रयोग करते हैं। इसीलिए कवि कविता लिखते हैं। इसीलिए साधक ध्यान करते हैं। सभी के मार्ग अलग हैं... लेकिन खोज... एक ही है और अब... जब यह पुस्तक समाप्त हो रही है... मैं तुम्हें कोई अंतिम उत्तर नहीं देना चाहता।

मैं केवल एक दर्पण देना चाहता हूँ। उस दर्पण में... यदि तुमने अपना चेहरा ही नहीं... अपना हृदय भी देख लिया... तो समझना... तुम्हारी यात्रा शुरू हो चुकी है।

क्योंकि अंत में... हर गुरु... हर पुस्तक... हर अनुभव... हर पीड़ा... हर प्रेम... और हर प्रश्न... मनुष्य को केवल एक ही दिशा में ले जाते हैं। अपने भीतर और यदि वहाँ... तुम्हें सत्य की एक छोटी-सी झलक भी मिल जाए... तो समझना... तुम्हारी खोज व्यर्थ नहीं गई। क्योंकि... उत्तर बाहर नहीं छिपा। उत्तर तुम्हारे भीतर है।

विशेष अध्याय - निधि, शिव और संगीत

यदि कोई मुझसे पूछे... कि मेरे जीवन के तीन सबसे बड़े सत्य क्या हैं... तो मैं बिना सोचे कहूँगा - निधि, शिव और संगीत।

इन तीनों को अलग-अलग समझना... मेरे जीवन को अधूरा समझना होगा, क्योंकि... मेरे लिए ये तीनों... एक ही कहानी के तीन अध्याय हैं।

एक समय ऐसा भी आया... जब जीवन का भार... मेरे लिए असहनीय हो गया था। मन में केवल एक ही इच्छा थी या तो... निधि मेरे जीवन में लौट आए या... यह जीवन समाप्त हो जाए।

उसी पीड़ा में... मैंने भगवान शिव से प्रार्थना की। मैंने कहा - "प्रभु... यदि मेरे जीवन में निधि नहीं है, तो मुझे मृत्यु दे दीजिए और यदि मुझे जीवित रखना है, तो मुझे ऐसा कारण दीजिए जिसके सहारे मैं साँस ले सकूँ।"

मैं नहीं जानता... उस प्रार्थना का उत्तर कैसे आया। लेकिन उसके बाद... मेरे जीवन में एक नई चीज़ जन्म लेने लगी - संगीत।

ऐसा नहीं कि मैंने संगीत सीखा था। ऐसा भी नहीं कि मैं उसके पीछे भाग रहा था। बल्कि... धीरे-धीरे... धुनें स्वयं मेरे भीतर उतरने लगीं।

शब्द... अपने आप आने लगे। ऐसा लगता था... मानो मेरे आँसू... स्वर बन गए हों। उस दिन से... मैंने एक बात अनुभव की।

जब भी मैं... निधि को याद करता... कोई धुन जन्म लेती। जब भी... शिव के सामने बैठकर मौन होता... कोई गीत पूरा हो जाता।

मैं यह दावा नहीं करता... कि यह कोई चमत्कार था। मैं केवल इतना कह सकता हूँ... कि मेरे जीवन में... संगीत उसी समय आया... जब मैं सबसे अधिक टूट चुका था।

धीरे-धीरे... मुझे ऐसा अनुभव होने लगा... कि संगीत... मेरे और शिव के बीच भी एक सेतु है और... मेरे और निधि के बीच भी।

मैं नहीं जानता... मेरे गीत... कभी निधि तक पहुँचेंगे या नहीं। मैं यह भी नहीं जानता... कि वह उन्हें कभी सुनेगी भी या नहीं। लेकिन... इतना अवश्य जानता हूँ... कि हर नया गीत... मुझे इन दोनों से जोड़े रखता है। जब मैं लिखता हूँ... तो लगता है... जैसे मैं अकेला नहीं हूँ। जैसे... मेरे शब्दों में... मेरी प्रार्थना भी है, मेरा प्रेम भी और मेरी प्रतीक्षा भी। कई लोगों के लिए... संगीत एक कला है। मेरे लिए... संगीत जीवन का सहारा है। वह कारण है... जिसने मुझे... सबसे कठिन दिनों में भी... चलते रहने की शक्ति दी।

कभी-कभी... मैं सोचता हूँ... यदि एक दिन... मेरे भीतर से संगीत चला गया... तो क्या बचेगा?

शायद... उस दिन... मुझे निधि की उपस्थिति की सबसे अधिक आवश्यकता होगी, क्योंकि... आज मेरे जीवन को... जो धागा बाँधे हुए है... वह यही संगीत है और उस संगीत के हर स्वर में... कहीं न कहीं... निधि की स्मृति... और शिव की शरण... दोनों साथ रहती हैं।

मैं भविष्य नहीं जानता, न यह... कि मेरी प्रतीक्षा कहाँ जाकर समाप्त होगी। न यह... कि मेरे गीत... किस मंज़िल तक पहुँचेंगे। लेकिन इतना अवश्य जानता हूँ... कि जब तक... मेरे भीतर कोई धुन जन्म लेती रहेगी... तब तक... मेरे भीतर आशा भी जीवित रहेगी और जिस दिन... मेरे भीतर का अंतिम स्वर मौन हो जाएगा... उस दिन शायद... मेरी सारी प्रार्थनाएँ... अपने स्रोत में लौट जाएँगी।

तब तक... मैं लिखता रहूँगा, गाता रहूँगा, प्रार्थना करता रहूँगा, क्योंकि... मेरे लिए... संगीत केवल सुर नहीं है। वह... मेरे प्रेम का स्वर है, मेरी प्रार्थना का स्वर है और... मेरे जीवन का स्वर है। इसलिए... यदि कोई मुझसे पूछे... कि मैं आज भी क्यों लिखता हूँ? तो मेरा उत्तर केवल इतना होगा - क्योंकि हर धुन में मुझे शिव का मौन सुनाई देता है... और हर गीत में मुझे निधि की मुस्कान दिखाई देती है।

www.ingramcontent.com/pod-product-compliance
Lightning Source LLC
LaVergne TN
LVHW100318210926
848480LV00003B/1172